»Adieu, mein kleiner Gardeoffizier!«

BERND LÜTHJE

»Adieu, mein kleiner Gardeoffizier!«

Ein Lese-Theater um die Modern Monetary Theory MMT und ihr
Geschäftssystem der unbegrenzten Staatsfinanzierung auf Pump,
Euro inklusive

Bibliografische Information der Deutschen Nationalbibliothek:
Die Deutsche Nationalbibliothek verzeichnet diese Publikation
in der Deutschen Nationalbibliografie; detaillierte bibliografische
Daten sind im Internet über https://portal.dnb.de/ abrufbar.

© 2021 Bernd Lüthje
Bildquellen: https://unsplash.com/photos/I_csqCWC_3o
Satz, Umschlaggestaltung, Herstellung und Verlag:
BoD – Books on Demand, Norderstedt
ISBN: 978-3-7526-3834-9

Inhalt

Guten Abend, sehr geehrte Frau Leserin oder sehr geehrter Herr Leser, zum Theaterabend zu zweit, nämlich Sie und ich. Ihnen werde ich eine Komödie, jedenfalls großenteils ist sie eine, vortragen. Das wird richtiges Theater sein mit erstem Akt, mit einem Zwischenspiel, in dem auf einer Feuerwehrleiter gesungen wird, und mit dem folgenden zweiten, mit dem Schlussakt des Stückes.

Das Beste an diesem Zweiertheater ist, dass Sie bestimmen, ob Sie es verlassen oder ob Sie noch eine viel längere Pause als gewöhnlich auf dem Theater einlegen wollen, nachdem der Bundeskanzler wieder rettenden Grund erreicht haben wird.

Vielleicht wollen Sie schon jetzt wissen, warum er bei seiner Rettung einen alten Schlager trällert, wenn er die Feuerwehrleiter hinabklettern wird. Also, ich habe es mich gefragt, wie er auf den gekommen sei. Denn ich kenne »Adieu, mein kleiner Gardeoffizier« aus der Kindheit, und ich bin viel älter als der Bundeskanzler.

Merkwürdig für mich bis heute, meine Mutter, meine Tanten, die Frauen und die zum Anstehen abgestellten Kinder in den Warteschlangen vor den Läden in der schlechten Zeit sangen das Lied. Das war die Zeit, als selbst ein Kind von sechs, sieben Jahren schon wusste, dass das Geld nichts mehr wert war, dass Hunger und kaputtes Geld zusammenhingen.

Plötzlich wurde die schlechte Zeit wieder etwas fröhlicher: »Adieu, adieu, und vergiss mich nicht! Adieu, sei das Glück mit dir! Sei das Glück mit dir! Steh gerade, kerzengerade, lache in den Sonnentag, was immer geschehen auch mag! Hast du Sorgenmienen, fort mit ihnen! Fort damit, ja, ja! Für Trübsal sind andere da!«

Lied und vielleicht auch Erinnerungen werden zum Schluss noch eine Rolle spielen, die Komödie überhaupt zum Ende zu führen. Aber daran wollen wir noch nicht denken. Denn das Theater zu zweit muss überhaupt erst beginnen.

Nur noch eines vorweg: Gleich werden Sie zwei Personen kennenlernen. Als Ersten den Herrn Präsidenten der Unionszentralbank in

Frankfurt am Main, 68 Jahre alt, kurz »P«, als Zweiten den ganz neuen Bundeskanzler der Bundesrepublik Deutschland, kurz »B«, fünfzehn Jahre jünger als P. Wo die beiden sich treffen, werden P und B Ihnen erzählen, und auch die Feuerwehr aus Frankfurt am Main weiß schon Bescheid.

Und nun geht es endlich los. Der Vorhang wird nach oben gezogen.

Erster Akt in der Unionszentralbank zu Frankfurt am Main

P: Ich danke Ihnen, dass Sie mich vier Tage nach Ihrer Wahl zum Bundeskanzler Deutschlands besuchen als Ersten und, wie ich gerne anfügen möchte, Fünftwichtigsten des Weltfinanzsystems. Ich, ich hoffe, dass Ihr Flugzeug Deutschland Eins Sie ohne Motorschaden nach Frankfurt gebracht hat.

B: Bevor ich Ihnen auf Ihre Begrüßung antworte, eines vorweg: Wenn ich fliege als Bundeskanzler, werde ich eine Verkehrsmaschine nutzen, so wie ich das als Privatmann auch tue. Die Deutschlandflugzeuge sind schon gestern an die Leasingfirma zurückgegeben worden. Heute Morgen bin ich mit dem ersten Zug aus Berlin herausgereist. Die Deutschen sind ein hart arbeitendes Volk. Nur durch Sparsamkeit können wir unsere Zukunftsaufgaben finanzieren. Das gilt für die Bundesregierung, denn sie hat Vorbild zu sein. Ein eigener Flugpark ist das Gegenteil. Er ist Anmaßung, Wichtigtuerei.
Das vorweg und zurück zu Ihrer Begrüßung.
Danke für Ihre Worte, Herr Präsident, der Sie aus Ihrem eigenen Verständnis für ganz Europa und zugleich für das Weltfinanzsystem sprechen. Ihre vielfältigen Tätigkeiten in Ihrem Heimatland, in dessen Bankaufsicht und Zentralbank, in einer der führenden Wall-Street-Banken und im Internationalen Währungsfonds sind bekannt. Ihr Termin war seit fünf Monaten mit dem bisherigen Bundeskanzler …

P: Ihrer hochverehrten Vorgängerin

11

B: … seit fünf Monaten ausgemacht, und natürlich führe ich die Termine aus dem Amt heraus und im Interesse Deutschlands des vorherigen Bundeskanzlers …

P: Das war doch Frau Bundeskanzlerin.

B: Ich spreche nicht von Personen, sondern vom Amt, von der Amtswahrnehmung.

P: Mit Verlaub: Sehen Sie mich als Amt oder auch als Person, als Mensch?

B: Herr Präsident, Sie sind im Amt hier und mit mir in meinem Amt zusammen. Als Personen, Menschen hätten wir uns nie getroffen. Sie arbeiteten weiter als Investmentbanker an der US-Ostküste. Meine Frau und ich produzierten weiter unsere Fertigstraßen im tiefsten Deutschland.

P: Das klingt mir sehr teutonisch.

B: Für die Wall-Street-Kumpanei mag meine Amtsdistanz fremd sein, für Sie und mich erleichtert der saubere Amtsbezug die Verhandlungen.

P: Herr Bundeskanzler, ich hatte gedacht, wir lernen uns kennen, ich wollte meinen guten Willen beweisen, auch mit der neuen Bundesregierung zusammenzuarbeiten. Mit Ihrer Vorgängerin verbindet mich eine besondere Vertrauensbindung, die ich mit Ihnen erst herstellen muss.

B: Von solchen Verbindungen halte ich im Geschäftsleben nichts. Ich werde Politik wie Geschäft betreiben.

P: Vielleicht noch mit Bilanz und Gewinn- und Verlustrechnung?

B: Ja, das geht. Politik ist immer erfolgreich für das deutsche Volk, wenn man den gesamten Aufwand und Ertrag, nicht nur den fürchterlich eingeschränkten in den Haushalten, be- und verrechnen kann. Das gilt, Herr Präsident, gerade für Ihre Politik.

P: Ich gehe schweren Zeiten entgegen, wenn ich Sie so höre. Mein Projekt ist, Europa stark in der Welt zu machen, einen neuen Staat gegen USA, Russland, China zu bilden.

B: Indien haben Sie vergessen, Großbritannien auch.

P: Großbritannien, die Enttäuschung, die Kleingeister in London.

B: Die komparativen Vorteile einer wirtschaftlich auf sich konzentrierten Nation gegenüber Großmächten sind Ihnen geläufig.

P: Das war gestern, Herr Bundeskanzler, 19. Jahrhundert.

B: Wir werden darauf zurückkommen.

P: Ich lasse nicht zu, dass wir hier mit einer untergegangenen Ökonomielehre argumentieren. Ich vertrete die Lehre der Zukunft …

B: … und beweisen mit Ihren Aktionen deren Richtigkeit?

P: Ja, ja, nur über Geld und dessen Steuerung kann man das Wohlergehen der Menschen steigern.

B: Auch das der ungezählten Menschen, die nach uns kommen?

P: Auch das! Ob nun sieben Milliarden auf dem Globus leben oder zwölf, das macht keinen Unterschied. Geld und dessen Kraft, Vervielfältigung wird jeden Menschen in Zukunft satt machen.

B: Bitte lassen Sie uns auf den heutigen Tag zurückkehren, nicht über die Zukunft des Globus reden.

P: Die ist mir allein wichtig. Von daher habe ich meine Mission formuliert. Ich, ich realisiere sie, ich bin die Spitze der Bewegung.

B: Das haben Sie mit dem bisherigen Bundeskanzler besprochen?

P: Ja, ausführlich.

B: Und wurde zugestimmt?

P: Ja, sonst hätte ich nicht den Erfolg haben können, den ich habe.

B: Danke für Ihre Lesung. Mir wird schlagartig klar, dass der Termin mit Ihnen nicht wichtig ist für das normale Geschäft, sondern lebenswichtig für das deutsche Volk. Am nächsten Mittwoch werde ich meine Regierungserklärung abgeben. Da die neue Koalition sich erst einarbeitet, aber den neugewählten Bundestag aus dem Traumschlaf seiner Vorgänger herausholen und ihn wieder zur Letztinstanz für die Zukunft des deutschen Volkes machen wird, habe ich allen Ministern vorgeschlagen, über Sie zu sprechen.

P: Über mich, über mich.

B: Alle haben zugestimmt, auch der Koalitionsausschuss.

P: Und was werden Sie sagen?

B: Nach unserem Gespräch werden Sie es am Mittwoch ab elf Uhr hören und damit wissen können.

P: Gibt es Probleme? Sagen Sie es mir.

B: Kennen Sie unsere, die deutschen Probleme nicht?

P: Ihre Vorgängerin hat mir keine gesagt. Sie war schon in ihrem Amt, als ich gewählt worden bin.

B: Die deutschen Vertreter im Rat, der Bundesbankpräsident, was ist mit denen?

P: Kriegen nicht den Mund auf, jedenfalls nicht in meiner Gegenwart.

B: Die Presse? Entschuldigung, Herr Präsident. Das war eine falsche Frage. Die Presse hat keine Organfunktion, auch wenn sie eine solche haben möchte. Es gibt nur drei Gewalten im Staat, im demokratischen. Keine mehr.

P: Ihre Aussage beruhigt mich. Wir sind einer Meinung, Ich wiederhole meine Frage: Gibt es Probleme? Haben Sie, Herr Bundeskanzler, Probleme mit den Staatsfinanzen, mit der Refinanzierung der deutschen Haushalte? Gibt es zu wenig Geld? Sind die Deutschen klamm? Sagen Sie es mir. Ihre Geldprobleme löse ich, löse ich allein, ganz schnell. Dazu brauchen wir kein weiteres Gespräch. Wie viel neues Geld brauchen Sie jetzt schnellstens für Deutschland? Sagen Sie nur das Volumen. In einer Woche werden Sie genug haben. Ich brauche nur mein Telefon zu zücken, um den Prozess sofort in Gang zu setzen. Wenn ich das gleich erledigen kann, haben Sie spätestens am Montag die Summe, die Sie brauchen, zu Ihrer Verfügung bei meiner Filiale.

B: Filiale Bundesbank.

P: Ja, ja.

B: Jetzt werde ich neugierig. Wie denn das?

P: Ich mache Geld.

B: Habe ich richtig verstanden? Sie machen Geld?

P: Ja, ja.

B: Jetzt bin ich sprachlos: Wie das denn?

P: Muss ich Ihnen, dem Unternehmer, dem Inhaber eines hidden champions …

B: Korrektur: Meine Frau und ich sind Inhaber, meine Frau ist Chefin, ich bin wirtschaftlich nicht tätig.

P: Geschenkt. Muss ich Ihnen erklären, wie Geld gemacht wird? Nein, nein, das kann ich nicht glauben. Sie nehmen mich auf den Arm, Herr Bundeskanzler.

B: Sie sind dran! Vor Ihnen sitzt der Schüler und hört ruhig dem Geldprofessor zu. Sie haben in der globalen akademischen Welt, wenn ich das so aus meiner Sicht sagen darf, einen führenden Ruf – gibt es so etwas? Na ja, mir fällt nichts Besseres ein – unter den Geldwissenschaftlern der Welt.

P: Vergangenheit! Die Wirklichkeit ist einfacher als die Erfindung und Auseinandersetzung mit Formeln. Neues Geld zu machen ist einfach. Man braucht den Auftrag, eine Zentralbank zu führen, die damit zusammenhängenden Befugnisse einzusetzen, man muss die Akzeptanz von den führenden Politikern und von der Presse für die eigenen Entscheidungen haben – die Presse ist wichtig, Herr Bundeskanzler –, dann läuft der Geldmachungsprozess.

B: Geldschöpfung?

P: Ja, ja, von alleine. Noch einmal: Haben Sie Probleme? Welche? Haben diese mit Geld zu tun? Dann kann ich sie lösen. Kurzfristig. Deshalb müssen Sie nicht im Bundestag reden am nächsten Mittwoch.

B: Bitte sagen Sie mir, wieso Sie Geld machen. Dann werde ich entscheiden, ob ich dem Bundestag vortragen werde, meine deutschen Mitbürger vor Ihnen und Ihrer Bank zu bewahren.

P: Ich bin doch unwichtig, nur ein Zentralbankpräsident auf Zeit.

B: Machen Sie sich nicht klein. Sie sind der mächtigste Mann in Europa.

P: Für acht Jahre.

B: Ihr Vorgänger hat acht Jahre den Sockel aufgebaut. Sie haben das Haus draufgesetzt. Ihr Nachfolger ist schon ausgeguckt, er wird den Bau von Vorgänger und Ihnen fertigstellen, dann wird er nicht mehr umzustoßen, abzureißen sein.

P: Deutschland hat zugestimmt.

B: Die vorherige Regierung, die vorherigen Regierungen und die Mehrheiten der Bundestage. Ich habe die letzte Möglichkeit, dazwischenzugehen, die Deutschen, die ich alle vertrete, alle, aufzuwecken, zur Entscheidung zu bringen, ob sie alle das wollen, was Herr Präsident zur Vollendung bringen will.

P: Zur Vollendung?

B: Aus Ihrer und Ihres Vorgängers Sicht.

P: Ich erfülle nur das Mandat, mein Mandat des Vertrages. Das ist eins zu eins das Mandat der Bundesbank gewesen. Ich führe nur die Geldpolitik der Bundesbank weiter, die unabhängig von der deutschen Politik operierte.

B: Seit 1948.

P: So ist, nein: So war es.

B: Sagen Sie das so nur, weil es die Deutschen hören wollen, sollen, oder ist das Ihre Meinung?

P: Ja, ja. Ich bin auch unabhängig von der Politik, ich bin deswegen auch erfolgreich.

B: Kann es sein, dass Sie der Politik dienen und deren Probleme mit Geld lösen, Sie allein?

P: Sie wollen auf etwas hinaus. Ich verstehe Sie nicht.

B: Irgendjemand muss nicht nur die Bundesbank beschlossen haben, sondern deren Unabhängigkeit. Auf dieser reiten alle in der

Union, in meinem Land herum. Wer, Herr Präsident, war es? Warum? 1948, habe ich doch richtig gehört, 1948?

P: Die damalige Bundesrepublik, die damalige Bundesregierung, der Bundestag. Bestimmt war das Bundesverfassungsgericht schon dabei.

B: So wird die Geschichte erzählt, nur das Gericht kam später.

P: Sehen Sie.

B: Sie ist falsch.

P: Nein, nein, das wäre ja furchtbar.

B: Trotz Ihres Ausrufes bleibt die Geschichte ein durchsichtiges Märchen, das falsch ist.

P: Falsch, falsch. Was sagen Sie?

B: Die US-amerikanische und die britische Besatzungsmacht haben als Erstes die unsägliche Lebensnot beseitigt. Dafür braucht man Geld, das etwas wert ist, nicht von Inflation und Schwarzmarkt aufgefressen wird. Sie haben die Deutsche Mark im Sommer 1948 geschaffen. Als Bollwerk gegen neue Diktaturwirtschaft und gegen Dauerkorruption haben US-Amerikaner und Briten uns eine politisch unabhängige Geld- und Währungsbank gegeben. Grundgesetz, Bundestag, Bundesregierung, Bundesrat, und was damit zusammenhängt, kamen ein Jahr später. Da hatte das neue Geld die Wirtschaft stabilisiert, die Lebensnot war gewichen. Merke, sagt der Deutsche, Herr Präsident, ohne Geld ist nichts und Politik macht nix. Nur mit stabilem Geld hat ein Volk Zukunft. Diese zu sichern ist alleinige Aufgabe von Bundestag und Regierung.

P: Das klang schon wie Ihre Regierungserklärung. Woher wissen Sie das alles überhaupt?

B: Aus Zeitungen, Herr Präsident, als Unternehmer muss man lesen, lesen, um zu wissen, was in den eigenen Märkten geschieht.

P: Da treffen wir uns. Nun spannen Sie mich nicht auf die Folter.

B: Deutschlands Gesamtlage nach dem Krieg in 1946/1947 kennen Sie. Hunger, Zerstörungen, Hoffnungslosigkeit, Schwarzmarkt, die Korruption aus dem Hitler-Himmler-Reich wurde von Tag zu Tag schlimmer.

P: Da hattet Ihr selber Schuld dran, ich lasse nicht zu, dass Deutschland wieder Europa zerstört. Das bin ich meinem Land wie auch dem Heimatland meines Vorgängers schuldig.

B: Sie haben das Heimatland des ersten Präsidenten vergessen. Die Niederlande, mein wichtigster Nachbarmarkt.

P: Ja, ja, richtig.

B: Wollen wir jetzt über den Krieg oder über das Mandat sprechen, das Sie allein wahrnehmen, erfüllen, ganz allein verwirklichen? So verstehe ich die Nachrichten über Sie.

P: Ihre anerkennenden Worte – das waren sie doch, oder? – tun mir wohl. Bitte fahren Sie in Ihrem Vortrag, nein, nein, nein, in Ihren Gedanken fort.

B: Die USA und das Vereinigte Königreich fassten einen einvernehmlichen Beschluss, die Deutschen wieder zum Anpacken und zum Geldverdienen zu bringen. Sie schufen eine Währungsreform für ihre Zonen.

P: Und die Franzosen?

B: Hatten mitzumachen. Ein Mann ist der zentrale Träger der Währungsreform und der Deutschen Mark! Edward Adam Tenenbaum, 1921 in New York geboren, hat im April 1948 mit einigen Helfern die Währungsreform geplant und vorbereitet. Er ist der Schöpfer und Namensgeber der Deutschen Mark, er ist der Schöpfer der unabhängigen Zentralbank, genannt Deutsche Bundesbank. Adenauers Regierung und der erste Bundestag fanden die D-Mark vor, hatten nichts an Tenenbaums großer Leistung zu drehen, benahmen sich unmöglich, versuchten sie wegzudrücken, dankten nicht einmal. Der Rest aus deutschen Mündern jener Zeit dazu ist Märchen.

P: Was heißt das für mich?

B: Ich werde Edward Adam Tenenbaums Vermächtnis wiederbeleben.

P: Ist der denn tot?

B: Ja, Verkehrsunfall.

P: Traurig, traurig, aber, aber. Ach, du grüne Neune.

B: Belieben Herr Präsident, jetzt plötzlich Karten mit mir zu spielen?

P: Wie, ach so, ach du grüne Neune. Ich ahne, ahne, was auf mich zukommt. Das wird kein Kartenspiel. Ich kenne Sie, Sie sind so ein typischer Deutscher. Selbst wenn Sie kein Pik-Ass im Ärmel stecken hätten, täten Sie so, als ob, immer stark im Angriff, nichts dahinter.

B: Lassen Sie das. Ihre Einlassung hat nichts mit unserer Sache zu tun. Benehmen Sie sich wieder zivilisiert, wie es sich für den Herrn Präsidenten der Unionszentralbank geziemt.

P: Mir ziemt was? Mich geziemt was? Wie halt ich das bloß aus? Es ging mir doch nur, muss ich sagen, um Überwindung der Not, um Wiederaufbau nach dem Zweiten Weltkrieg, nicht um mich, um meine Aufgabe. Haben Sie das nun, nun kapiert?

B: Ja.

P: Na, da bin ich erleichtert. Meine Aufgabe ist eine wahrhaft historische. Ihr Tannenbaum ist damit nicht vereinbar.

B: Noch einmal und zum letzten Mal: Edward Adam Tenenbaum. Dann zu Ihrer historischen Aufgabe. Das, davon höre ich zum ersten Mal.

P: Ihre Vorgängerin hat mich ausdrücklich unterstützt darin, von meiner historischen Aufgabe zu sprechen.

B: Für sich oder für Deutschland?

P: Was ein Bundeskanzler sagt, sagt er/sie immer für Deutschland.

B: Danke für die Erinnerung. Nicht zu verlernen. Was ist denn Ihre historische Aufgabe?

P: Mein Vorgänger hat das Werk begonnen, ich lege die Details fest, meine Nachfolger werden nur noch Ausführende, Teil des von mir vollendeten Werkes sein. Wenn ich aus meinem Vertrag ausscheide, steht das Werk.
Sie sagen nichts?

B: Ich merke, dass Sie weitersprechen wollen, ich möchte Sie nicht unterbrechen.

P: Vor mir liegt viel Arbeit. Sie aber können mir entscheidend bei meinem Werk helfen.

B: Dann muss ich endlich erfahren, was Ihr Werk ist.

P: Das hat Ihnen Ihre Vorgängerin gesagt. In Deutschland herrschen Zucht und Ordnung, also haben Sie alles, was Sie zum Weiterregieren wissen müssen, von meiner Freundin gesagt bekommen. Sie brauche ich persönlich. Verzögern Sie die Entscheidung nicht. Ich baue auf Sie.

B: In Ihrer Heimatsprache würde man das Gleiche ausrufen, wie ich jetzt in Deutsch: Ich verstehe nur noch Bahnhof.

P: Sie machen mich ungehalten. Mit Ihrer Vorgängerin ist besprochen worden, dass die Achtjahresgrenze für meinen Vertrag aufgehoben wird und ich Präsident auf Lebenszeit werde.

B: Wer soll dafür sein?

P: Was für eine Frage? Deutschland, der Club Med, Belgien, Irland.

B: Was ist mit Slowakei, Österreich, Luxemburg, Niederlande, Litauen, Lettland, Estland, Finnland, Slowenien? Da haben wir die Euro-Länder. Was ist mit Schweden, Dänemark, Polen, Tschechische Republik, Ungarn, Rumänien, Bulgarien, Kroatien. Muss Großbritannien nicht auch noch mitmachen?

P: Sind Sie Buchhalter oder Bundeskanzler?

B: Wenn es um Geld geht, Buchhalter.

P: Nur ein Buchhalter kann alle Unionsländer aus dem Kopf auf- und hersagen. Warum?

B: Die Ist- und Sollmärkte unseres Unternehmens, ja, ja, meiner Frau.

P: Sollmärkte, nie gehört.

B: Zukünftige Absatzmärkte in konkreter Planung. Dafür braucht man alle Informationen, Statistiken, auch die Ihrer Bank.

P: Unsere Statistiken gehören zu den besten der Welt, sagen uns alle Ökonomen.

B: Und dann kriegen sie Aufträge von Ihnen.

P: Wir sind doch nicht korrupt. Sind Sie auch der Meinung? Natürlich, brauche ich nicht zu fragen.

B: Ihre Geldstatistiken sind ganz brauchbar. Ihre wichtigsten Statistiken für uns, nein, für meine Frau sind praktisch unbrauchbar.

P: Die wären?

B: Preisstatistiken, insbesondere die der Verbraucherpreise. Keine Aussage, keine Abdeckung, erfassen vielleicht gerade noch ein Fünftel des Preisgeschehens in Ihrem Währungsraum. Damit unbrauchbar.

P: Können Sie das wiederholen? Das hat mir noch keiner gesagt.

B: Traut sich keiner. Sie sind der Herrscher des Geldes.

P: Bleiben Sie bei Ihrem »unbrauchbar«?

B: Soll ich es deutlicher sagen?

P: Nein, nein, das reicht. Auf der, der Statistik baut meine Geldpolitik auf.

B: Geld- oder Zinspolitik?

P: Werden Sie nicht kleinlich. Beides ist eines. Zins ist der Preis für Geld. Steigen die Verbraucherpreise, hält man über Zins und Geldverknappung dagegen. Aber, aber Sie sagen, die Preisstatistiken decken nur ein Fünftel ab, was ist dann mit dem Rest?

B: Da Sie die Restpreise nicht wissen, tappen Sie im Nebel herum. So ist Ihre Zinspolitik. Weil Sie nichts wissen, haben Sie Ihren Hauptzins abgeschafft. Ergebnis katastrophal. Ihre Antwort: Geldschwemme.

Sie lenken ab. Ich will endlich wissen, was mein Vorgänger mit den Club-Med-Chefs und denen von Belgien und Irland – scheinen besonders wichtig zu sein – verabredet hat, ob Sie auf Lebenszeit Präsident werden sollen.

P: Sie, er, was denn nun, Ihre hochverehrte Vorgängerin hat mir erklärt …

B: Erklärt oder gesagt?

P: Gibt es da einen Unterschied? Gesagt, erklärt von einer Bundeskanzlerin, auf den Inhalt kommt es allein an.

B: Erklärt ist offiziell, gesagt ist nichts. Haben Sie eine Erklärung?

P: Ja, ja.

B: Schriftlich?

P: Mir ist das Wort wichtig.

B: Nichts. Haben Sie eine Erklärung vom Club Med?

P: Ihre verehrte Vorgängerin hat mir erklärt, mit ihren Kollegen in Frankreich, Italien, Spanien, Portugal, Griechenland, Belgien, Irland gesprochen zu haben. Ihrer verehrten Vorgängerin Wort gilt mir.

B: Und Malta, Republik Zypern? Gehören auch zum Club Med?

P: Weiß ich nicht.

B: Ich weiß überhaupt nichts. Vergessen Sie somit das von Ihnen Gesagte.
Nun haben Sie mich richtig angetickt, neugierig gemacht. Was wollen Sie denn als Ihre historische Aufgabe bewältigen?

P: Ich werde die Europäische Union in sechs Jahren in die Vereinigten Staaten von Europa, in die USE, überführt haben.

B: Sie?

P: Ja, dafür brauche ich den Vertrag auf Lebenszeit. Schnellstens. Jetzt. Ohne Verzögerung. Sie sind entscheidend. Wie ich Ihrer Körperhaltung entnehme, werden Sie schnell positiv entscheiden, ich setze meine große Arbeit nach unserer Konferenz sofort fort, noch heute Abend.

B: Meinen aufgestützten Kopf brauchen Sie nicht zu interpretieren. Ich mache Sitzgymnastik, um Ihnen folgen zu können. USE, United States of Europe. Richtig?

P: Ja.

B: Hauptstadt?

P: Rom.

B: Warum?

P: Mit Rom beginnt Europa.

B: Nicht mit Athen?

P: Stadtstaat, kein Vielvölkerstaat.

B: Wäre London nicht besser? Brauchten Sie nicht umzuziehen.

P: Da wohnt nicht der Heilige Vater. Entschuldigung, Entschuldigung, London wäre eine Alternative. Ja, ja, dann müssten Sie die Briten wieder zurückholen.

Zentralbankpräsident will die United States of Europe (USE) unter seiner Führung. Bundeskanzler hat zu gehorchen

B: Ins Heim, hätten Sie gerne vollenden können. So sehen Sie ja Ihre USE. Ihre Hinneigung zum Heiligen Vater brauchen Sie nicht zu verbergen, es ist allein Ihre Privatangelegenheit. Eines für allemal: Die Entscheidung eines Volkes über seine Zukunft respektiere ich immer. Über eine Teilnahme an USE oder ähnlichem Großeuropagebilde entscheidet das deutsche Volk, nicht die Bundesregierung, nicht der Bundestag. Bei so etwas geht es um das deutsche Volk und um seine Eigenständigkeit.

P: Helmut Kohl war ein starker Kanzler, Sie werden bald weg sein.

B: Herr Dr. Helmut Kohl selig hat uns die Wiedervereinigung gebracht. Und dann ist er ein schwacher Kanzler geworden.

P: Woran machen Sie das fest?

B: An Ihrer Währung, am Euro. Das deutsche Volk hat an seiner Währung nicht mitgewirkt, es ist nicht gefragt worden. Der damalige Bundeskanzler sagte selbst, dass das Volk, würde es befragt, dem Ende der Deutschen Mark nicht zustimmen würde, also hat er es nicht gefragt, sondern stillschweigend verkauft. Mit mir können Sie sich Ihren Lebenszeitvertrag und Ihre USE abschminken.

P: Ihre Kopfgymnastik scheint Sie ärgerlich zu machen. Hören Sie damit auf.

B: Ärgerlich bin ich. Ich höre Sachen, die ich glauben soll, aber nicht glauben kann, nicht glauben werde. Bevor wir zurück auf meine Regierungserklärung kommen, bitte ich Sie, mir darzulegen, wie Sie mit Ihren Mitteln die USE schaffen wollen, was bisher Tausende von Politikern, Beamten, Lobbyisten, Journalisten nicht geschafft haben.

P: Nein, nein. Sie wollten mir etwas sagen. Habe ich es richtig verstanden, ich? Sie würden Tannenbaum wiederherstellen.

B: Noch einmal: Edward Adam Tenenbaum. Ja, eindeutig ja.

P: Dann gute Nacht.

B: Guten Morgen wäre richtig.
Spannen Sie mich nicht auf die Folter. Stelle ich denn meine Frage richtig? Wie machen Sie mit Ihrer Geldpolitik aus der Europäischen Union die Europäischen Staaten von Europa?

P: Machen ist Vulgärsprache, zu bilden ist ein aktives Politikfeld. Sie nicken. Gut, ich werde ausholen müssen, damit Sie die Bildung der United States of Europe verstehen können. Sitzen Sie bequem? Es wird länger dauern.

B: Hatten Sie nicht andere wichtige Termine in London am heutigen Tage? Oder hatte ich Sie falsch verstanden?

P: Natürlich hatte ich heute noch andere Termine. In London wollte ich mich mit dem Chef der Bank of England treffen. Alle vier Wochen sprechen wir abends die monetäre Weltlage durch. Mein Büro hat mir gemailt, dass mein alter Freund volles Verständnis für die kurzfristige Absage habe. Was er noch gesagt hat, können Sie selber lesen.

B: »Hoffentlich bringst du den alten Teutonen-Knacker auf dein Ziel. Kannst ihm ruhig sagen, dass mir Deutschlands Nein zu einem Unionsstaat auf den Geist oder auf den Wecker geht.« Meint er Geist oder Wecker?

P: Beides. Germany's no is getting on my nerves!

B: Dann ist das auch geklärt. Danke für die Nachricht aus London. Bitte sagen Sie Ihrem Freund beim nächsten Treffen, dass ich ihm für seinen Rat aufrichtig danke. Ich werde seine Worte in der Wecker-Form politisch zitieren.
Herr Präsident! Mir war allein wichtig, Sie in Ihrer Terminplanung heute nicht zu belästigen. Dank für Ihre Absage an die Bank of England. Nun sind Sie wieder dran.

P: Herr Unternehmer, was ist wichtiger? Die Strategie für die Vollendung eines großen Werkes oder die Plus-Minus-Analyse über den heutigen Stand des begonnenen Werkes?

B: Analyse. Grundlage einer Strategie, Überprüfung der Strategieschritte, Basis für die Endfassung. Plus-Minus-Analysen gehen jedem Strategieschritt voran.

P: Auch meine Meinung. Die Entscheidungsträger in der Europapolitik mögen Analysen nicht, sondern reden gerne über ihre Pläne. Damit man das nicht so merkt, heißen sie es dann Strategie. Ich halte mich deswegen an Ihren Clausewitz.

B: Vorsicht, Herr Präsident! Breit benutzen Carl und Marie von Clausewitz Strategie und Taktik, nicht Analyse.

P: Wieso Marie?

B: Ohne seine Frau, seine Mitstreiterin, wäre aus Carls Kladden, Zetteln, Entwürfen nie »Vom Kriege« entstanden. Carl starb plötzlich an der Cholera. Strategie behandeln beide breit, auch heute zu benutzen. Analyse gibt es nicht. Viel Theoretisches und Praktisches zu Schlachtordnungen, Angriff, Verteidigung.
Lassen wir die Clausewitzens außen vor, sonst erschöpfen wir uns an Kriegsplänen.

P: Noch einmal: Woher weiß ein Bundeskanzler das alles? Ihre von mir verehrte Vorgängerin, mit der konnte man über so etwas nicht reden.

B: Vielleicht haben Sie es nicht versucht. Über Taktik ist sie bestens im Bilde, konsequent in der persönlichen Anwendung. Zu Ihrer Frage, mich betreffend: Ich war Leutnant der Reserve. Im Strategielehrgang habe ich viel gelernt. Als Bürger Deutschlands durfte ich noch zur Bundeswehr. Das wurde abgeschafft. Heute ist die Bundeswehr kein Heer des Volkes mehr, keine Bürger in Uniform mehr, nur noch bezahlte Auftragssoldaten. Reichswehr Nummer zwei. Ihre von Ihnen so hochverehrte Vorgängerin hat die Entdemokratisierung der Bundeswehr aktiv und kräftig mitbetrieben.
Darum werde ich mich später kümmern, zuerst um die Zukunft meines Volkes, um sein Vermögen, um sein Geld, um Sie, den Herrscher über Europas Geld.

P: Zu viel der Ehre. Sie überraschen mich, deshalb eine persönliche Frage: Wann liest ein Unternehmer so viel?

B: Auf den Reisen um den Globus, Herr Präsident. Auch habe ich gebüffelt für unser Gespräch, konnte ja ahnen, worum es gehen könnte.

P: Das ehrt mich richtig. Habe ich einen falschen Strategiebegriff?

B: Nein, denn wenn Sie Clausewitzens »zum Zwecke des Krieges« ersetzen mit »zum Zwecke meiner Vereinigten Staaten«, sind Sie auf der richtigen Bahn. Weil ich das weiß, kann ich diese und Sie stoppen.

P: Seit 1952 wird an der Europäischen Gemeinschaft gearbeitet, seit 2002 ist der Euro als neue Währung im täglichen Gebrauch. Es war doch von den Treibern in der Politik, so auch von Ihren Vorgängern, nur ein Ziel gewollt. Über die gemeinsame Währung sollte das Friedenswerk von 1952 vollendet werden in einem neuen Staat.

B: Merkwürdig, eine Zwei am Ende der Entscheidungsjahre.

P: Das Datum, das ich anstrebe, wird ebenfalls durch die Zwei teilbar sein.

B: Wir auch.

P: Ihr Scherz in Ehren. Dafür habe ich keine Zeit, überhaupt habe ich keine Zeit mehr.

B: Keine Zeit mehr?

P: Diese Währungsunion wird nie klappen.

B: Wie bitte? Wie, das aus Ihrem Mund? Oh, bitte um Entschuldigung, das fiel mir gerade ein und nur der guten Form zwischen uns halber, Herr Präsident. Wenn ich nur zuhöre und nichts sage, bedeutet mein Schweigen keine Zustimmung zu Ihren Ausführungen.

P: Ja, ja, geschenkt. Darf ich wieder sprechen?

B: Natürlich. Oh, das aus Ihrem Mund?

P: Lassen Sie mich doch endlich einmal meinen Gedanken …

B: Ihre Analyse.

P: … meine Analyse zu Ende führen.
Wenn diese Währungsunion nicht klappen wird, wird es ein gemeinsames Staatswesen noch weniger. Bisher ist nur die Währung als Klammer vorgesehen.

B: Widerspruch, Herr Präsident.

P: Sie können es nicht lassen.

B: Sie leisten Außergewöhnliches. Jeden Tag, von ganz früh bis ganz spät, auch am Sonntag. Sie beobachten alle Märkte genau, die der Währungen, die der Aktien, Anleihen, Zertifikate, Fondsanteile etc. Sie steuern den Währungsmarkt Ihrer USE in Planung mit einfühlsamer Hand.

P: Wenn das Ihre Meinung sein sollte, müsste ich einen Besen fressen.

B: Sie brauchen keinen Besen zu fressen, nur weiterzusprechen.

P: Als Geschäftsmann wissen Sie doch genauso wie jeder Banker, auch ich, dass die Währungs-Union nur aufrechterhalten wird mit Geldinfusionen nicht zu bremsenden, nicht zu kontrollierenden Ausmaßes, Umfanges. Je länger dieses Spiel dauert, umso größer werden die Infusionen.

B: Wer gibt sie?

P: Ich, ich, ich allein entscheide. Die anderen im Rat und um mich herum wissen entweder nicht, worüber sie sprechen, oder hängen sich an mich, weil mein Votum über ihre weitere Beschäftigung entscheidet. Aber ich wiederhole mich.

Lenkung des Weltfinanzsystems allein durch den Präsidenten über vierteljährliche Ansprachen

Habe es gerne, wenn ich mich nicht auch noch mit Widerständen aus meinen Beschlussorganen herumplagen muss. Das Tagesgeschäft ist ungeheuer anstrengend, können Sie mir glauben, Herr Bundeskanzler, weil man die Märkte nur mit äußerster Vorsicht bereden darf, um sie in die von mir gewünschte Richtung zu drehen, vor allem darin zu halten. Deswegen halte ich nur selten große Reden mit langer Ankündigung. Das gibt den Journalisten, den ungezählten angeblichen Researchwissenschaftlern, den Lobbyisten und den auch ungezählten Politikern Zeit und immer neue Ideen, um mich auf Aussagen festzunageln. Am meisten reden einige aus dem Zentralbankrat und kommen vor lauter Wichtigkeit schier um.

Dann halte ich eine meiner seltenen Reden. Nie über 15 Minuten, mehr kann die ganze Bagage sich nicht merken. Für die Händler formuliere ich nach vier Minuten zwei Merksätze. Die handeln schon während der Rede. Die Präsidiumsstabsleiterin signalisiert mir nach sieben Minuten über Daumensprache, ob mich die Händler verstanden haben. Immer, wie ich will. Dann habe ich wieder für ein halbes Jahr Ruhe. Denn die Währung muss kräftig erscheinen, aber den Export nicht abwürgen. Von diesem Schein, von diesem Zukunftsschein lebt der Export, lebt Europa.

B: Das können Sie perfekt, Herr Präsident.

P: Ja, ja, mein Freund in London, …

B: Der Teutonenknacker?

P: Ja, ja, der Fed-Präsident in Washington, der Tokioter Präsident, alle helfen mir.

B: Sie allein sind der Stärkste. Deshalb sind Sie mein erster und wichtigster Gesprächspartner, ach was Partner, mein erster und wichtigster Dialog, um zu meiner Politik für Deutschland zu finden.

P: Ihre Worte ehren mich. Nein, nein, ich bin nicht der Stärkste, auch nicht für Sie.

B: Herr Präsident, Sie steuern die Märkte mit Wissen, mit Ihrem Geist, nicht mit Geld. Keinen Pfennig ...

P: Cent.

B: ... Keinen Cent haben Sie eingesetzt und immer die Märkte dahin gebracht, wohin Sie die haben wollten. Ihre Worte, nein Botschaften wirken, steuern die Kapitalmärkte perfekt.

P: Schön wäre es, meine Worte sind verhallt, sind Geschichte. Ich halte den Laden nur noch zusammen, weil ich Geld, Geld mache, machen lasse. Jetzt sind die Jungen dran. Herr Bundeskanzler, Sie kommen gerade richtig, Sie werden die USE in Ihrer Regierungserklärung als Ihr persönliches Ziel mitteilen. Danach werden auch Sie bemerken, wie Worte Menschen und Wirklichkeit steuern. Und die USE werden groß sein. Jetzt ist das nur ein halber Kram mit dieser flügellahmen Union und ihrem Währungsbrei.
Können Sie eine Währungsunion herstellen mit drei völlig unterschiedlichen Kulturräumen, mit drei oder vier verschiedenen Staats- und Wirtschaftsleitideen, mit drei Schriftreligionen, mit

vielen Ungläubigen, mit Christdemokraten, Sozialisten, Nationalisten, Kommunisten, Naturliebhabern?

B: Wer sind denn die?

P: Ich meine Grüne, Nationalisten, Faschisten. Das geht mit Geld
nicht allein, das geht nur in einem großen Staat mit zentralem
Regiment, das bis zur kleinsten Kommune das Sagen hat.

B: Die Liberalen haben Sie vergessen.

P: Ach ja, Sie sind einer vom Trupp der aufrechten Menschen, die
an die Selbstgestaltung und Selbstverantwortung aller Menschen glauben. Also, Sie Liberaler, wie soll ich den zerbröselnden
Flickenteppich, mehr sind die kleinen und großen politischen,
wirtschaftlichen, religiösen Räumchen-welten nicht, zusammenhalten? Nur mit Geld? Das geht nicht. Ich, ich laufe sehenden
Auges in den Untergang, fühle mich als Pilot, der das Flugzeug
nicht abfangen kann.

B: War das Ihre Analyse?

P: Klingt für Sie eher wie eine Beichte?

B: Dann dürfte ich darüber nicht sprechen, auch nicht mit Ihnen,
nur zuhören. Ihre Worte reichen mir noch nicht aus. Sie sind noch
nicht zu Ihrem entscheidenden Punkt gekommen. Ihnen fehlt
etwas: Nur ein neuer Staat verhindert doch nicht den Untergang.
Warum überhaupt diese USE? Was fehlt Ihnen?

P: Alles!

B: Das ist keine Aussage. Lassen Sie uns sortieren, was Sie haben und was nicht. Dann können Sie sehen, was Ihnen fehlt, nicht ich.

P: Zuständigkeit für das gesamte Finanzwesen.

B: Union oder nur für deren heutige Länder mit der Unionswährung?

P: Union. Die Länder, die noch nicht die Unionswährung haben, sollen sie bis zum abgesprochenen Termin erhalten. Heute klaffen Union und ihr Währungsgebiet auseinander. Das ist ein unkontrollierbares Provisorium. Es wird schnellstens beendet.

B: Wer hat das beschlossen? Dürfen die Länder der noch Euro-freien Staaten darüber abstimmen, ob sie die Unionswährung haben wollen nach den Erfahrungen der anderen seit 2002?

P: Beschlossen haben das die Regierungschefs auf ihren endlosen Nachtsitzungen. Nur ein Land braucht nicht mitzumachen. Die Wikinger natürlich.

B: Die klugen Dänen.

P: Der Rest hat mitzumachen. Deren Regierungschefs haben Ja gesagt.

B: Warum wollen Sie Herr über das ganze Finanzwesen werden? Sie haben doch Aufsicht über Banken und Versicherungen und über alles, was daran hängt.

P: Herre Gott! Ich rede nicht über Banken, sondern über die Staatsfinanzen.

B: Ach so. Die Zuständigkeiten sind doch im Unionsvertrag geregelt, auch, wie die Staatsfinanzen zu handhaben sind.

P: Kennen Sie den Vertrag?

B: Also aufsagen könnte ich ihn nicht. Sie?

P: Antworte ich nicht drauf. Wie viele Paragraphen hat der Vertrag? Was muss man noch kennen?

B: 358 Artikel, nicht Paragraphen, 37 Protokolle bis nach Grönland, zig Erklärungen zu Artikeln und Protokollen, Zuständigkeit für Länder außerhalb der Union und am Schluss eine Charta der Grundrechte der Union, nochmal 54 Artikel. Das ist der geltende Unionsvertrag.
Den, Herr Präsident, kannte ich schon seit langem, nicht erst seit Dienstag, weil ich Bundeskanzler geworden bin; den kannte ich schon vorher genau, denn für unsere Firma musste ich ein Wettbewerbs- und Beihilfeverfahren gegen ein Riesenunternehmen aus Frankreich vertreten. Die genaue Kenntnis der Artikel hat mir sehr geholfen. Dabei ist mir klar geworden, warum ein Redaktor aus Zürich die Artikel als Schieberegler charakterisiert.

P: Noch nie gehört.

B: Weil sie sprachlich so gefasst sind, dass man unzählige Varianten aus den Texten ableiten und somit belegen kann. Und der Unionsgerichtshof ist nur freundlich zu den Klägern und vor allem zu den Beklagten, wenn diese die Formulierungen zu den Unionsverträgen nicht in Frage stellen, sondern streng gemäß den Worten handeln, kurz die Schieberegler für sich anstellen, ohne darüber zu reden.

P: Sie nehmen den Unionsvertrag nicht ernst.

B: Doch, ernster als ich kann ihn niemand nehmen, denn ich nutze ihn, habe ihn genutzt. Seit meiner Vereidigung habe ich den Vertrag, im Ganzen, die Artikel und Zusätze gegen Änderungen, Erweiterungen, Aufweichungen von Amts wegen zu verteidigen. Deutschland hat alles ratifiziert, also muss ich das Gesamtwerk einhalten und verteidigen.

P: Das ist doch nicht wahr. Für Sie ist Ihr Grundgesetz Fetisch, heilig. Ohne Ihr Verfassungswachtregiment machen Sie keinen Schritt.

B: Ihre Frage lautete, ob ich den Unionsvertrag nicht ernst nehmen würde, die habe ich beantwortet. Grundgesetz und Bundesverfassungsgericht sind deutsche Güter. Wachtregiment ist ein sehr, sehr schiefer Begriff. Deutschland führt keinen Krieg mit seinen Unionsverbündeten, auch sonst nicht.

P: Soll ich es glauben?
Wenn ein Deutscher Gesamtwerk sagt, fällt mir immer gleich Gesamtkunstwerk ein, wäre treffender gewesen.

B: Es gibt auch Deutsche, die ohne Richard Wagner glücklich sind.

P: Oh, Richard Wagner! Der versöhnt mich immer wieder mit den Teutonen. Ich bleibe beim Gesamtkunstwerk. Was anderes sind der Paragraphendschungel, die Paragraphenfriedhöfe dieses Unionsvertrages nicht. Eine riesige Artikelei. Damit ist nichts anzufangen. Die Länder kümmern sich nicht drum. Da hilft nur der eiserne Besen, den habe ich. Damit zwinge ich alle zur USE, in den neuen Staat hinein.

B: Ihr Vorbild scheinen die USA zu sein.

P: In allem, ich bin dort groß geworden. Mit sieben Artikeln und einer Präambel gegründet, paar Jahre später Amendments hinzugefügt. Nach ihren Erfahrungen im Freiheitskampf gegen die Briten sofort einen Bundesstaat gebildet. Verfassung und Bundesstaat halten sich heute bestens, und wir krebsen herum.

B: Was fehlt Ihnen denn zu Ihrer Kompetenz für die Finanzpolitik der Union? Sie brauchen doch nur die Schieberegler richtig einzustellen. Für Sie wird es doch nur schwierig, wenn ein Land gegen Sie aufsteht.

P: Wie Sie, wie Ihr Land.

B: Sie können doch machen, was Sie wollen. Die Schieberegler geben Ihnen ausreichende Legitimation. Sie haben das Geld, das die Länder brauchen, also fressen die Ihnen doch aus der Hand. Ich garantiere Ihnen: Viel Geschrei, aber keine Ablehnung.
Sie sind Meister darin, die Artikel, Protokolle, Anhängsel des Unionsvertrages so auszulegen, wie Sie es wollen.

P: Ich, ich doch nicht für mich, ich arbeite nur für meine USE. Mein alleiniges Ziel: Der Vertrag ist meine Grundlage, jeden Paragraphen, jedes Protokoll, jeden Anhang nehme ich für bare Münze. Das vierte Protokoll mit der Satzung habe ich in meiner Brieftasche, ich habe es sogar schon einmal geküsst. Das Protokoll ist meine persönliche Geschäftsanweisung.

B: Sag ich doch. Keiner merkt es, jeder meint, Sie wenden nur den Vertrag an, dabei nutzen Sie die weichen, ungenauen Formulierungen. Sie sind der perfekte Schieberegler.

P: Hören Sie doch endlich auf mit dem Schiebegewäsch von diesem Schweizer. Schweizer sind alle Bauern.

B: Richtig getroffen. Der Redaktor kommt vom Hof, hat das Agrarische gelernt, darin promoviert und führt jetzt wieder den elterlichen Hof.

P: Ich, ich sag's ja: Bauer. Der Bundeskanzler Deutschlands hört auf einen Bauern, und dann noch aus der Schweiz, diesem Fiselland. Aber ich habe doch nicht richtig gehört, Sie sagen nein, beleidigen mich, dass ich ein Bauernochse sei, wie sagten Sie? Scheibenwechsler. Ich bin kein Glaser, ich bin Präsident der Unionszentralbank, Zentralbank nochmal. Scheibenwechsler, Scheibenkleister. Wofür hält mich der deutsche Bundeskanzler wohl?

B: Für den führenden Unionsvertragsschieberegler.

P: Hören Sie doch auf. Nie, nimmer.

784 Mandate besorgte sich der Präsident aus wenigen Zeilen des Unionsvertrages

B: Aus einem klar umrissenen Mandat für Ihre Bank, also für Sie, ich wiederhole, aus einem haben Sie nach meiner Zählung 17 gemacht. Gerade wollten Sie mir das 18. unterschieben.

P: Der Vertrag regelt mein Mandat genau.

B: Ja, er lautet: Das vorrangige Ziel des Europäischen Systems der Zentralbanken ist es, die Preisstabilität zu gewährleisten.

P: Das ist mein Mandat. Daran ist nichts zu interpretieren.

B: Keine Schieberegler?

P: Nein.

B: Was ist mit »vorrangig« oder »gewährleisten«.

P: Sie sind kleinlich.

B: Deswegen frische ich Ihre Erinnerung für den entscheidenden Satz auf, den Sie als Auftrag für Ihre Mandate nutzen. Die Zentralbank habe die Wirtschaftspolitik der Union zu stützen, um zu allen ihrer Ziele beizutragen, soweit die Preisstabilität nicht beeinträchtigt werde. Der letzte Halbsatz hat nur deklamatorischen Wert, nämlich gar keinen.

P: Das ist doch sehr sinnvoll. Was haben Sie gegen die Ziele der Union?

B: Ich halte fest, dass in sechs Absätzen 53 Zielsetzungen formuliert sind, die Sie benutzen.

P: Nur eine wichtige: Ziel der Union ist es, den Frieden ihrer Völker zu fördern.

B: Nicht vollständig, genau: Den Frieden, ihre Werte – die der Union – und das Wohlergehen ihrer Völker zu fördern.
Das sind drei Ziele! Und was heißt für Sie »zu fördern«? Für mich Wischiwaschi.

P: Ich habe nur ein Ziel, nur das lasse ich gegen mich gelten, die Wahrung der Preisstabilität.

B: Die Gewährleistung.

P: Wo ist denn da der Unterschied?

B: Gewährleistung ist einklagbar, Wahrung ist vielleicht eine Absicht. Nehme ich an, dass Sie die Preisstabilität gewährleisten, hätten Sie seit Ihrem Dienstantritt nichts zu tun gehabt. Bis heute gibt es keine Inflation. Die Preise sind stabil. Stattdessen haben Sie eine neue Preisstabilität verordnet: dauernde Preiserhöhungen bis unter zwei Prozent.

P: Nicht, nicht ich. Die Präsidenten der großen Zentralbanken zusammen und vor meiner jetzigen Wahlzeit.

B: Sie haben nicht eingegriffen, sondern aktiv Geld in die Wirtschaft geschmissen, um an Ihre zwei Prozent heranzukommen. Es passierte nichts. Ihre Maßnahmen wurden immer verzweifelter. Sie schafften den Zins ab. Es passierte nichts, die Preise blieben stabil. Sie öffneten alle Geldhähne, über die Sie bestimmen. Heute haben Sie die Staaten ruiniert.

P: Ruiniert? Ich doch nicht. Gerettet. Bin nur meinen zwei General-mandaten gefolgt und habe alle Vorschriften der Paragraphen, Protokolle, Anhänge, die mein Amt und die Zentralbank betref-fen, befolgt. Ich bewege mich auf dem Boden des Vertrages.

B: Bemerkenswert: Jetzt haben Sie schon Generalmandate. Sie kön-nen sich auf dem Boden eines Theaters bewegen, so kommt es mir vor, aber nicht auf einem Vertrag. Der Vertrag sollte Ihnen nur ein Mandat geben. So meinten wir Deutschen, als wir die Bundesbank und die Deutsche Mark als Entgelt zahlten, damit Frankreich, Italien und weitere Nachbarn der Wiedervereinigung zustimmten. Das Volk wurde nicht gefragt, Bundesregierung und Bundestag stimmten einfach zu.
Immerhin gab es ein Geschenk. Seine jahrelangen Bemühungen hätten Früchte getragen, schrieb einer meiner Vorgänger. Frank-furt am Main sei Sitz Ihrer Zentralbank geworden. Darauf hätte man verzichten können. De Hoge Veluwe wäre angemessener gewesen. Die Niederlande hätten sich nicht über den Tisch ziehen lassen.

P: Sie sind komisch. Sie haben es mit den Bauern. Erst die Schweizer, nun die Holländer.

B: Halten Sie Ihre Luft an. Schweizer und Niederländer haben ihre Freiheit aus eigener Kraft erkämpft und bis heute verteidigt. Beide Völker achte ich sehr.
Kurz: Der geltende Unionsvertrag ist ein Schwammpudding. Seine Autoren und Macher formulierten für Ihre Bank, für Ihr Währungssystem, für Ihr Geld …

P: Doch nicht mein Geld, was reden Sie.

B: ... formulierten bewusst schwammig und puddingweich. Sie wollten legalistisch an das deutsche Geldvermögen und an die Arbeitsleistung meines Volkes ran. Gewinn aus der Wiedervereinigungserlaubnis mit Bonus auf ewig. Statt eines Mandats erhielten Sie Tausende von Möglichkeiten in dem Gesamtkunstwerk, wie Sie zu sagen belieben, und alles wird formell, legalistisch gedeckt, was Sie tun. Und mein Volk hat zu blechen, zu blechen auf ewig.

P: Das oberste Gericht hält alles für richtig, was ich mache.

B: Das kann der Gerichtshof in Luxemburg nicht. Er darf nur urteilen, ob Sie dem EU-Vertrag zuwiderhandeln, wenn geklagt wird. Alle Bestimmungen des Vertrages geben Ihnen nur ein Mandat. Den Rest haben Sie frei erfunden.

P: Na gut, dann hat meine Bank 28 Mandate. Das ist doch nichts Schlimmes.

B: Große Leistung. Aus einem, genau eineinhalbigem Mandat.

P: Eineinhalb, was denn?

B: Preisstabilität, dann erst Wirtschaftspolitik der Union zu unterstützen.

P: Sind Sie so naiv, wie Sie reden? Sie sind doch Geschäftsmann. Auch aus wenig kann man viel machen. Wenn Sie von Eineinhalbmandat sprechen, klingt das dürftig. Einverstanden?

B: Bevor ich Ja sage, höre ich erst einmal weiter.

P: Gemäß Generalmandat der Union, klingt doch genauer, besser, oder?

B: Bitte fahren Sie fort. Sie sind fast Ihr ganzes Berufsleben in der Politik, ich erst seit wenigen Tagen. Ich höre und lerne. Wie lautet denn Ihr Generalmandat?

P: Das Protokoll Nummer vier.

B: Sie haben es geküsst.

P: Von wem haben Sie das?

B: Von Ihnen. Vor einigen Minuten.

P: Soso, keiner kennt es, aber ich. Auswendig. Das Protokoll vier zum Unionsvertrag und der Artikel drei des Vertrages gehören zusammen. Falls wir uns noch einmal sehen sollten.

B: Woran Sie nicht glauben, um den Herrn Präsidenten an seine Worte erinnern zu dürfen. Sie geben mir eine Woche ab meiner Regierungserklärung.

P: Na gut, 14 Tage. Sollten wir uns noch einmal wiedersehen, dann müssen Sie Protokoll vier und Artikel drei aufsagen können.

B: Wenn ich beide auswendig gelernt habe, habe ich Ihr General-mandat gelernt. Was für ein schöner Begriff, wie in einem Orden oder im römischen Weltreich Cäsars.

P: Meine ich auch. Langsam habe ich aber keine Zeit mehr, Ihnen die Grundzüge der Politik beizubringen.

B: Generalmandat.

P: Ah, Sie haben es begriffen. Immer auf dem Boden des Unionsvertrages und damit unseres Generalmandates stehend, es nicht verlassend, haben wir uns in der Zentralbank, beraten von den Räten, im Wege der nur damit ermöglichten Einzelerlaubnis die jeweiligen und neuen Mandate gegeben, die wir bei konkreten Problemlösungen benötigten.

B: Einzelerlaubnis ist ein altdeutsches Wort, meinten Sie das wirklich?

P: Einzelermächtigung wäre richtiger gewesen.

B: Den Investmentbankern.

P: Lassen Sie das. Unsere Freunde im Obersten Gerichtshof haben mir dringend dazu geraten. Dann könnten sie besser für uns ihre Urteile formulieren, vor allem gegen die Nordlichter. Dazu gehören Sie ja auch.

B: Warum sind Sie dem Rat Ihrer Luxemburger Richterfreunde nicht gefolgt?

P: Daran seid Ihr Deutschen schuld. Die Bundesbankleute sagten uns: »Vermeiden Sie Ermächtigung.« Fragte ich nach: »Warum?« Landeten wir bei Hitler. Ermächtigungsgesetz 1933, Beginn der Diktatur in Ihrem Land und nach sechs Jahren der nächste Weltkrieg innerhalb von 25 Jahren.

B: Deswegen kamen Sie auf Selbsterlaubnis?

P: Nicht ich, eine Kollegin aus Deutschland.

B: Und Ihre Richterfreunde in Luxemburg.

P: Die haben es gutgeheißen, nachdem sie sich ein Sprachgutachten geholt hatten. Ermächtigung gleich Erlaubnis oder umgekehrt.

B: Hat es von den bisherigen Bundesregierungen, vom Bundestag, von der Bundesbank, aus Österreich Beanstandungen gegeben?

P: Weder gegen Einzelerlaubnis noch gegen das Generalmandat und die Einzelmandate, die Sie so gerne aufzählen.

B: Aus Ihrer Sicht sind alle Tätigkeiten und Programme der Zentralbank rechtens?

P: Ja, ja, nicht nur die in der Vergangenheit, auch die in der Zukunft. Herr Bundeskanzler, bitte merken: Nicht nur meine Sicht und die der Räte, vor allem auch die Sicht des Gerichtshofes der Union.

B: Mit Ihrer Erlaubnis rechne ich im Kopf. Auf der Basis Ihres Generalmandates und Ihrer Einzelerlaubnisse haben Sie aus 28 Einzelmandaten mindestens 784 Mandatsvariationen entwickelt. Sie können machen, was Sie wollen. Sie bleiben immer in Ihrem Generalmandat, wie Sie es bezeichnen.

P: Das habe ich nun ausreichend erklärt. Wie kommen Sie in Ihrem Kopf auf 784?

B: 28 mal 28, so die Variationsmöglichkeiten gemäß Ihren Angaben.

P: Ah, ich merke, jetzt kommen Sie mit Ihren Verschiebereglern.

B: Verschiebe ist gut. Verschiebung wäre genauer für das, was Sie wollen und machen. Von Sparkassenbekannten habe ich erfahren, dass Sie auch Bankaufsicht machen. Stimmt das?

P: Ja, ja. Mit wem geben Sie sich denn ab? Ihr Unternehmen kann nur bei der ersten Bank in Deutschland sein.

B: Betriebsgeheimnis. Müssen Sie mit meiner Frau besprechen. Auf meine Frage: Ja oder nein?

P: Ja, es ist allgemein bekannt, wenn es sogar Sparkassen schon wissen.

B: Spezielles Mandat?

P: Ja, für mikro- und makroprudenzielle Aufsicht.

B: Wie bitte? Ich komme aus dem Staunen nicht heraus. Sie unterscheiden zwischen Mikro und Makro? Sind Sie Physiker?

P: So ähnlich. Mikroprudenzielle Aufsicht nimmt sich die einzelne Bank vor, auch Sparkassen, damit Sie beruhigt sind, die makroprudenzielle das gesamte Finanzsystem. Es garantiert die Stabilität.

B: Das funktioniert?

Unglaublich, aber Wirklichkeit: Staatsfinanzierung auf ewig nur über Schulden

P: Mehr schlecht als recht. Deswegen muss ich immer neue Maßnahmen ergreifen. Es kann nur funktionieren, wenn das ganze System endlich vollkommen wird. Es krankt immer noch an einem irrsinnigen Konstruktionsfehler, der außerhalb meiner Zentralbank liegt und doch von mir mitgetragen werden muss.

B: Was für ein Konstruktionsfehler? Von welcher Organisation?

P: Schon was vom Basler Ausschuss für Bankenaufsicht gehört?

B: Nein.

P: Ich gehöre zu den Gouverneuren, die ihn beauftragen.

B: Tut doch nicht weh.

P: Aber wie! Die Bankaufseher haben in grauer Vorzeit entschieden, dass Banken für Staatskredite kein Eigenkapital einzusetzen haben.

B: Mir dämmert etwas. Der Kämmerer in Düsseldorf hat mich vor zwei Tagen angerufen. Ich solle auf keinen Fall die Nullanrechnung kippen. Das würde bei ihm ins Kabuff hauen. Jetzt begreife ich langsam, was gespielt wird und warum der Kämmerer immer so entspannt den Haushalt vorgetragen hat. Finanzprobleme habe er keine, alle Banken seien hinter ihm her.
Ist meine Schlussfolgerung richtig, dass Staatskredite die Banken

kein Eigenkapital kosten und deshalb ein wunderbares Geschäft sind …

P: Geldwechsel mit stabilem Gewinn auf alle Zeiten.

B: … die Kommunen wie meine und die Staaten sich auf Teufel komm raus immer weiter verschulden, vertrauend, wissend, Ihre Bank werde die Verschuldung finanzieren, auch wenn sie explodiert?

P: Nicht wir alleine, die Amerikaner, Engländer, Chinesen, Japaner machen, nein, nein, treiben es genauso. Das geht nicht ewig. Neues Geld können wir nur machen, wenn wir Kredite geben, die zurückgezahlt werden, jedenfalls in der Theorie.

B: Warum in der Theorie?

P: Dann kann man makroprudenziell steuern, reines Modell-Trara.

B: Weisen Sie doch den Ausschuss in Basel an, die Eigenkapitallücke für den Staatskredit zu schließen. Das wäre doch eine Lappalie für Sie. Dann könnten wir dieser Verschuldungskrake kurzerhand den Garaus machen.

P: Das will keiner, auch Deutschland nicht.

B: Doch, das werde ich ändern. Deutschland wird nicht mehr mitmachen. Staatskredite nur noch gegen Eigenkapitaleinsatz wie bei Unternehmenskrediten.

P: Da werden Sie Ihr blaues Wunder erleben.

B: Soll ich nun oder nicht? Wieso blaues Wunder?

P: Kein Staat wird mitmachen. Keiner im Club der Bankaufseher, der da immer sich zum Dinner trifft, wird mitmachen. Die USA werden Ihnen was pusten. Mit ihren Schulden, über ihren Dollar und über ihre Wall-Street-Banken beherrscht Washington die Welt, ihre Ratingagenturen und Wirtschaftsprüfer in New York sind ihre gehorsamen Garanten, passen überall auf.
Das wird nichts, Herr Siebentagebundeskanzler. Wenn die USA erfahren, was Sie gerade gesagt haben, kommen Sie nicht einmal zu Ihrer ersten Ansprache in den Bundestag.

B: Danke für Ihre Empathie, ich mache es jetzt noch einmal so gerne.

P: Sie verblüffen mich. Warum der Aufstand?

B: Haben Sie Angst?

P: Wenn meine Freunde in Washington und New York erfahren, was wir hier besprechen, bin ich weg, obgleich ich doch nur Zuhörer bin, Sie von Ihrem verwegenen Plan abzubringen versuche. Sie wollen doch alles kaputtmachen.

B: Von mir erfährt keiner etwas. Ich werde handeln und Sie schweigen!

P: Warum wollen Sie das tun? Warum tun Sie mir das an?

B: Wir sind an einem schwierigen Punkt unserer Unterhaltung.

P: Auseinandersetzung.

B: Sie jammern, weil Sie das Feld der Finanzierung nicht allein für sich haben. Denn dann könnten Sie Staatsfinanzierung, Wirtschaftsfinanzierung, Geld für den Normalbürger allein bestimmen, auch die Banken, die im Geschäft bleiben dürfen, makromikro, wie ein Physiker.
Ihr Konkurrent sind die USA – Washington – New York. Die durchkreuzen Ihren Diktaturplan. Und ich tue das auch, wenn ich Deutschland aus dem Dinner-Regime von Basel ausklinke.

P: Das ist ungeheuer, mich einen Hitler zu schimpfen.

B: Diktatur, nicht Hitler. Sie führen keine Kriege, Sie sind kein Mörder. Sie sind ein Gelddiktator, Sie wollen die Welt beherrschen. Wer das Geld macht, die Banken befehligt per Mikro und die Staaten finanziert per Makro, der ist Weltherrscher. Parlamente und Regierungen haben keine Wirkung mehr. Gelddiktatur, Weltdiktatur wird es mit mir nicht geben.

P: Warum solch ein Widerstand? Sie werden die Welt nicht retten. Das Klein-Deutschland auch nicht. Ich sehe den Untergang, also werde ich die Welt retten. Deshalb bin ich doch kein Diktator. Sie sollten auch nicht denken, ich sei verrückt. Sie irren, Sie irren. Ich handle durch und durch rational.

B: Auf neues Geschäft bin ich immer neugierig. Wie wollen Sie die Welt retten?

P: Ich bin erschöpft, ich will nach Hause. Nur noch eine Viertelstunde. Sie können schon den Wagen ordern.

B: Herr Präsident, wir sind bei Ihnen, nicht bei mir.

P: Soso, ich bin erschöpft. Was wollten Sie noch?

B: Ihre Rettung der Welt. Lassen Sie Ihr Theater, wir sind schon im fünften Akt, bald senkt sich der Vorhang.

P: Denken Sie, ich spiele Theater?

B: Wenn ich Sie früher im Fernsehen gesehen habe, dann sah ich den Schauspieler.

P: Nie.

B: Doch.

P: Beispiele.

B: Ihr Londoner Glanzstück. William Shakespeare wäre entzückt gewesen.

P: Das war kein Theater. Das war Kalkül.

B: Theater! Ihre Fanfare! Innerhalb Ihres Mandates sei die Zentralbank vorbereitet, was es auch immer kosten möge, die Währung der Union zu sichern. Ihre Mittel würden unbegrenzt sein, Zweck und Ziel des Zentralbankenmandates auf ewig zu erfüllen, haben Sie, so ungefähr jedenfalls, gesagt.
Sie reden im Pluralis majestatis, wie wir Deutschen sagen. Das ist immer Theater. Mittel unbegrenzt, Mandat auf ewig. Spitzentheater.
Wäre das, was sie gesagt haben, Kalkül gewesen, hätte es keiner geglaubt. Sie haben eine Illusion hergestellt, eine Massenillusion, das ist Theater. Große Leistung.

Nun möchte ich sehen, ob Ihre Rettung Kalkül oder Theater ist. Herr Theaterdirektor, Sie sind dran.

P: Sie irren völlig. Banker, vor allem die Investmentbanker von der Wall Street lauschen nicht Narrativen. Für sie gilt nur Ratio und Mathematik. Ihr Verdikt gegen mein Kalkül ist falsch, völlig falsch, geradezu beleidigend.

B: Wie lange haben Sie nicht mehr in einer Bank gesessen?

P: Weiß ich nicht.

B: Ich kenne das Tagesgeschäft der Banker. Je länger ich dem Finanz-vorstand der örtlichen Sparkasse oder dem Filialdirektor unserer Hausbank, ja, ja, der meiner Frau, ausführlich über die Zukunfts-entwicklung der Unternehmensgruppe mit einigen Zahlen und vielen Details lange, lange etwas erzähle, umso besser wird unser internes Ranking. Die Bankleute brauchen Futter für ihre Ver-merke. Darauf baut der Risikobericht auf, die Absicherung gegen Ihre Aufsicht, gegen Mikro und Makro. Je dicker die Berichte, umso erfolgreicher.

P: Wer sind der Finanzvorstand bei der Sparkasse und der Direktor, wie sagten Sie, bei der Hausbank?

B: Wollen Sie eingreifen bei unseren Banken?

P: Ein Anruf genügt. Die Kollegen bei der Sparkasse und bei der Hausbank können einpacken, ich brauche nur noch deren Namen.

B: Dann wäre mein Eindruck richtig, Aufsicht sei wie die DDR-Stasi? Wenn dem so sei, kann man sie einfach unterlaufen mit großen Planungen, vielen Tabellen, langen Vermerken, dann hat die Aufsicht viel zu beurteilen und zu kritteln und wird völlig abgelenkt, um lange Gutachten zu schreiben, die alles Mögliche, nicht Wichtiges enthalten. Ihr ganzes Aufsichtssystem, Ihr Mikro, ist ein Flop. Es basiert auf Märchen, Narrativen.

P: Dann, meinen Sie, kann ich alles vergessen.

B: Ja. Wenn jedes Unternehmen mindestens 32 % Eigenkapital zur Bilanzsumme nachweisen muss, brauchen Sie nichts von Ihrem Mikro, Ihr Makro dann sowieso nicht.

P: Das muss doch geprüft werden.

B: Wird doch schon in den Finanzämtern. Und zwar unbestechlich.

P: Dann halten Sie mein ganzes Kontrollsystem über Banken für überflüssig.

B: Ja. Grimms Märchen in moderner Fortsetzung, Sie kontrollieren allein deren Rechtschreibung auf Fehler. Zigtausende Referenten schreiben sich gegenseitig Vermerke. Krisen werden damit nicht verhindert, sondern wegen deren Glauben an dokumentierte Märchen immer größer. Die Referenten merken nichts. Ihre Mikro sowieso nicht. Ihre Makro ist Zeitunglesen.

P: Wenn das, was Sie wollen, gemacht werden sollte, würden bestimmt 50.000 in der Bankaufsicht auf der Welt arbeitslos.

B: Keiner. Alle können mit IT in allen Spielarten umgehen. Die würden mit Kusshand in den Konzernen und Digitalfabriken genommen. Nix mehr mit Mikro-Makro.

P: Warum sind Sie so oppositionell?

B: Diese Mikro-Makro-Bürokratensippschaft riecht nach Diktatur, hat den Keim dafür gelegt.

P: Wer ist Finanzvorstand in Ihrer Firma?

B: Meine Frau.

P: Ergo: Sie stehen unterm Pantoffel.

B: Genau, deshalb haben wir 88 % Eigenkapital an unserer Bilanzsumme, Konzern, weltweit. Mit hohem Eigenkapital in den Firmen braucht Deutschland Ihr Mikro-Makro nicht. Schützt sowieso nicht vor Betrug und Gangstern. Das ist nichts als ein Märchen. Kalkül? Ich lache. Was können Sie überhaupt?

P: Mit mir gibt es keine Krise, keine in der Union, keine weltweit.

B: Die nächste Märchenerzählung. Ich bin gespannt.

P: Ich, ich mag das Wort Märchen nicht, als ob meine Großeltern neben mir stehen. Narrativ ist ein klarerer Begriff.

B: Mit Narrativ kann ich leben, mit Ihrer selbsterlaubten, selbstermächtigten unbegrenzten Mandatsexpansion nicht.
Von mir kriegen Sie nur Unterstützung in Ihrem Stabilitätsmandat. Sie werden wieder Zinsen einführen und die Geldschwemme auf null zurückführen. Ihre Staatsfinanzierung der Unionsstaaten, ob über Banken oder direkt, und Ihre Unternehmensfinanzierungen werden sofort eingestellt. Für die Bestände legt Ihre Bank auf der Routine-Ratssitzung in drei Wochen einen Abbaubeschluss

für die Gesamtsumme vor. Er ist bis zum übernächsten Jahresabschlusstermin voll auszuführen.

Schluss mit Ihrem Spiel, dass die Unionsbank die oberste Geschäftsbank in der Union ist.

P: Alle? Ganz weg? Über Sie kann man nur lachen. Ein Bundeskanzler mit zwei Stimmen Mehrheit im Bundestag, einer Koalition, die sich nicht gewogen ist. Ich, ich lache, lache. Nach Ihrer Rede am Mittwoch sind Sie weg. Sie sind komisch. Nein, nein, Sie dürfen überhaupt nicht reden. Ich werde Ihren Auftritt im Bundestag verhindern.

Von Ihnen lasse ich mir doch nicht meine Macht nehmen, Sie Scheibenwischer, weiter Geld zu machen, weiter die Menschen in ihr Glück mit einer lebendigen Inflationsstabilität zu treiben, nein, zu führen. Von Ihnen nicht. Das Gespräch ist beendet. Ich, ich will Sie nie wiedersehen.

B: Herr Präsident, ich wiederhole, wir sind nicht im Theater. Also lassen Sie bitte Ihre Unterbrechungsspäße. Sie geben mir die Ehre, meinem Gesprächswunsch zu folgen. Ihnen gebe ich die Ehre, mit Ihnen zu besprechen, wovon die erste Regierungserklärung der neuen Bundesregierung handeln wird. Unser Gespräch gehört schon jetzt zu den wichtigsten in meinem Berufsleben. Wir fahren fort.

P: Wie Sie werde ich vorsichtig. Ich, ich weiß nicht, was Sie wollen, von mir wollen. Sie beleidigen mich. Sie akzeptieren nicht meine Mandatsverantwortung. Sie akzeptieren nicht mein Amt. Ach, Sie akzeptieren nicht einmal mich.

B: Wenn ich mit Ja antworten würde, wäre Ihr Abschied gerecht. Selbst ich würde ihn akzeptieren. Sie sind ein tüchtiger Mensch, haben sich hochgearbeitet, gekärrnert. Also das entscheidende Ja zu Ihnen. Sie haben Ihr Amt schon lange mit weltweiter Resonanz, ich seit zwei Tagen nur mit dem Wählerauftrag einer ehemaligen Residenzstadt am Rhein, aber doch auch ein Amt. Auf die Auseinandersetzung der Amtsträger allein kommt es an. Also ein weiteres Ja zu Ihnen. Noch einmal: Was fehlt Ihnen für Ihre Amtsausübung?

Präsident will die Finanzpolitik der Union. Bundeskanzlers Nein gegen Zerstörung der deutschen Autonomie

P: Nur für diese Antwort kehre ich zurück. Sie sind ein Neuling im politischen Geschäft. Sonst wüssten Sie, dass ich nur unzureichende, halbe Zuständigkeiten für meine große Aufgabenerfüllung habe.

B: Stimmen wir nicht überein, dass der Unionsvertrag Ihnen alle rechtlichen Möglichkeiten erlaubt, Sie brauchen sich die Artikelinhalte nur passend für Ihre Arbeit zurechtzuschieben?

P: Ich wiederhole, ich wiederhole, ich habe nicht die zentrale Zuständigkeit für die Finanzpolitik, für das Finanzwesen der Union.

B: Was würde diese Zuständigkeit denn meinem Land bringen? Was würde sich verändern? Würden Sie damit Deutschlands Autonomie nicht abschaffen?

P: Was hätte meine Zuständigkeit für Finanzwesen und -politik …

B: Sie drehen die Begriffe um, Sie drehen sie in Ihre Richtung, den weicheren nach vorne, damit ich nicht mehr richtig aufpasse.

P: … meine Zuständigkeit mit Ihrer Autonomie zu tun?

B: Nicht so, bitte. Herr Präsident, ich habe meinem Land zu dienen. Wir sprechen allein von Deutschlands Autonomie.

P: Gefehlt. Die Autonomie der Union steht höher, aber meine ist bisher nur auf die Geldpolitik begrenzt.

B: Auf Geldwesen und Geldpolitik.

P: Ja, ja, nur damit rette ich die Union nicht. Ich brauche die Steuerung, die läuft über die Finanzpolitik …

B: … und das Finanzwesen.

P: Unterbrechen Sie mich doch nicht immer.

B: Ich assistiere, damit wir beide nichts vergessen.

P: Ich, ich weiß nicht, was Finanzwesen ausmacht.

B: Das bringt Klarheit. Sie wollen die Alleinzuständigkeit für die Finanzen der Union?
Keine Antwort? Nur ein langer Blick auf mich?

P: Ich, ich weiß, was Sie denken. Die Hoheit über die Finanzen macht einen Staat aus.

B: Dazu würde mir noch mehr einfallen. Das ist überhaupt nicht mein Punkt. Sie haben in Ihrem Leben bedeutende Positionen innegehabt, sich erarbeitet, sich kasteit, sind reich dabei geworden, bräuchten nicht das Salär eines Zentralbankers, aber Sie haben nie politische Verantwortung erworben, nie einen Auftrag von Wählern erhalten. Ich habe einen von vielen Menschen direkt gewählt in einem Viertel, in dem meine Frau, unsere Kinder und ich schon lange leben.
Sie sind in einer mir durch harte Konkurrenten gut bekannten

großen Industriestadt groß geworden. Die hat Sie aber nicht geprägt. Denn früh haben Sie sich von Turin abgewandt und sind direkt nach Boston-Harvard und danach zügig weiter an die Wall Street plus später London gewandert. Sie kennen nur eine Blickrichtung: Investmentbanking, jedes Jahr immer höhere Gewinne, immer mehr Geld in Ihren Büchern. Und Sie wollen jetzt von uns die Finanzpolitik für die Union. Und Sie drehen sich um die Antwort herum, was das für Deutschland bedeutet. Höflich habe ich noch gefragt, für Deutschlands Autonomie? Das ist ein Verschleierungsbegriff. Ich lasse ihn fallen. Was machen Sie mit Ihrer Finanzpolitik mit meinem Heimatland, mit Deutschland?

P: Sie verstehen mich völlig falsch. Ich, ich rede doch nicht über Deutschland, ich rede allein über die Union, die gerettet werden muss. Mit meinen Geldgaben ...

B: Der Unionszentralbank, meinen Sie.

P: ... ja, ja, kann ich der Union fünf, auch zehn Jahre Zeit kaufen, dann nicht mehr. Aber ich rede nicht nur über die Union allein. Ganz viele Länder hängen inzwischen an meiner Währung. Ihre Schweiz liegt mittendrin. Glauben Sie, der Nationalbankpräsident kann autonom operieren? Mindestens einmal in der Woche telefonieren wir miteinander.

B: Na, die Schweiz ist völlig autonom. Das ist ein reines Bauernvolk.

P: Wer sagt denn solchen Blödsinn? Die Viersprachler sind die Intelligentesten unter den vielen Völkern. Woher haben Sie das Bauernvolk denn?

B: Von Ihnen, vor einer Stunde dargelegt.

P: War ich nicht. Ihre Bemerkung empört mich geradezu.

B: Mit Ihrem Sinneswandel bin ich sehr einverstanden. Ich wäre froh, Deutschland wäre der größte schweizerische Kanton und würde sich so wie die dortigen Alteingesessenen verhalten.

P: Sie erzählen Sachen, die man nicht verstehen kann. Wieso größter Kanton?

B: So sehen uns die Schweizer, wenn sie gute Laune haben. Das ist mir sympathisch. Ich wäre gern Bürger eines Landes, in dem jeder Bürger mitbestimmen kann, nicht nur alle paar Jahre wählen darf. Die Schweiz, Ihr Bauernland, kann schon ein Sehnsuchtsort sein, wenn man außen vor steht.
Sie haben mich stutzig gemacht. Ich wiederhole: Ganz viele Länder hingen inzwischen an Ihrer Währung. Wie viele?

P: Weiß ich nicht, habe nicht gezählt.

B: Ungefähr. Von wo bis wo?

P: Fangen Sie jetzt nicht noch ein Geographie-Examen an.

B: Nord–Süd, Ost–West?

P: Nordkap bis afrikanisches Knie, früher, glaube ich, französisch Russland bis hinter Tra Li.

B: In China?

P: In Irland, war ich mal.

B: Haftet Deutschland für Ihr Riesenreich? Oder nur für die Länder in der Union, die Ihre Währung als Landeswährung haben?

P: Ihr Land haftet für die Unionswährung, wo immer diese benutzt wird.

B: Weiß das mein Land?

P: Hoffentlich nicht. Entschuldigung, ich meinte, weiß ich doch nicht. Ich bin froh, wenn ich meine Arbeit schaffe, kann mich doch nicht noch um Ihr Land kümmern. Dafür haben wir die Arbeitsbienen, die nachgeordneten nationalen Oberbanken, bei Ihnen die einzigartige und wunderbare Bundesbank.

B: Oh, die Bundesbank darf noch arbeiten. Ich dachte, sie liest nur noch ihre eigenen tiefschürfenden Monatsberichte. Die Wahrheit ist doch, Sie machen alles allein, was und wie Sie wollen.

P: Ich, ich widerspreche nicht. Ich, ich bin allein, ich, ich muss jetzt Zeit kaufen.

B: Für das Riesengebiet?

P: Mir reichen meine Kernländer.

B: Die im Rechteck Paris – Rom – Madrid – Dublin?

P: Ziemlich überflüssige Bemerkung.

B: Einverstanden. Deshalb kommt eine ernsthafte Frage hinterher: Wie viele Menschen leben, grobe Schätzung reicht, in dem Gebiet, für das Sie verantwortlich sind?

P: Ich, ich bin doch nicht verantwortlich für die Menschen. Was für eine Frage! Die Union stellt fest, dass eine halbe Milliarde Menschen ihre Währung nutzen oder ihr eigenes Geld am Wert von dieser orientieren.

B: Damit kommen wir nicht aus. Über den Daumen schätze ich, irgendwo um eine Milliarde. Davon leben so acht Prozent in meinem Land. Alle Deutschen stehen mit ihrer Arbeit, mit ihren Ersparnissen für Ihre Bank ein, die Babys eingeschlossen. Die Haftung der Deutschen ist tatsächlich zwölfmal so hoch, wie Sie glauben machen. Reinen Wein schenkt uns keiner ein, Sie überhaupt nicht.

P: Ja, und? Fangen Sie bloß nicht an zu rechnen, verwirrt nur. Das ist doch alles kein Problem, meines sowieso nicht. Sie wollen mir keinen Vertrag auf Lebenszeit geben. So habe ich noch zwei Jahre, dann verschwinde ich und verbrauche meine Pension. Ich kümmere mich um nichts mehr. Ich werde nicht mehr gebraucht. Ihre Botschaft habe ich verinnerlicht.

B: Es ist mein Problem. Je länger wir miteinander reden, desto größer wird es, drängt mich schon heute zu einer Lösung. Wir sind doch nicht der einzige Untermann der Unionspyramide und Ihrer Bank, der letztlich alles zu tragen hat.

P: Doch, doch! Das ist Ihr Erbe von 1945. Sie haben für Ihre Wahnsinnstaten 1933 folgende zu bezahlen. Verstehen Sie: Auf ewig. Deshalb kann Ihre Lösung, selbst wenn nur in Ihrem Kopf, keine sein. Im Vertrauen: Außerdem wird Ihr Land genauso zusammenknallen, wenn das Unionsnetz auseinanderfällt, falls Deutschland aussteigen sollte. Was Sie denken, ist für Deutschland ganz, ganz schlecht, hochgefährlich, noch schlimmer, viel schlimmer.

B: Warum?

P: Ihr Land profitiert am meisten vom riesigen Unionsmarkt, von der Konkurrenzgewalt gegen die USA, gegen China, Japan, Indien, Russland. Habe ich alle? Wenn Sie aussteigen, sind Sie nur noch die Schweiz, nur etwas größer, ein Nichts im Nationenwettbewerb. Das werde ich nicht zulassen.

B: Das wollen Sie nicht zulassen, weil Sie sonst von Ihren Investmentbankfreunden allein für Deutschlands Ausstieg öffentlich und in deren Clubs angeprangert werden. Je mehr ich madig gemacht werde, umso deutlicher wird das Spiel, das Sie treiben. Das weiß doch keiner in Deutschland.

P: Schlafmützen. Alle Statistiken liegen vor, werden regelmäßig aktualisiert. Man muss sich um sie kümmern. Zu lesen sind sie einfach. Ich, ich ziehe mir Ihren Vorwurf nicht an. Unser Gespräch kostet mich unendlich viel Kraft, weil ich Ihnen die einfachsten Dinge moderner Geldpolitik erklären muss. Sie hätten besser vorbereitet in das Gespräch gehen müssen.
Und Sie wollen ein weltzugewandter Unternehmer sein!
Warum habe ich mich auf den Termin eingelassen? Ich hätte Sie ins Leere laufen lassen sollen. Die zwei Jahre bis zu meinem Abschied hätte ich spielend über die Bühne gezogen. Die Presse hätte jeden Fragesatz von mir wochenlang ausgebreitet. Der Rat hätte nichts gesagt, weil ich ihn in seinem Dämmerschlaf nicht gestört hätte. Und jetzt treten Sie in mein Leben; ich, ich ahne langsam, um mich zu zerstören.

B: Wie heißt es so schön auf der Bühne? Immer zu Ihren Gnaden, Meister. Machen wir zügig weiter, dann sind Sie bald erlöst.

Wenn ich Deutschland aus Ihrem Spiel herausnehmen würde, sagten Sie, dann würde es knallen.

P: Ja, als Erstes knallt Ihr Land weg. Die Deutschen habe ich noch nicht richtig im Griff, die anderen Unionsländer schon. Die steuere ich.

B: Niederlande, Österreich, Baltikum, Finnland auch?

P: Nein, unwichtig für meine Politik. Die kleinen Länder kriege ich alle. Die kommen von alleine.

B: Dann werde ich den Zusammenbruch, das meinten Sie doch mit »Knall«, nicht ohne genaue Planung machen. Und Sie werden mir dabei helfen.

P: Niemals. Wie denn mit genauer Planung?

B: Nur so viel: Die Bundesbank …

P: Die Schlaffen.

B: … tritt an die Stelle Ihrer Bank, Deutschlands Grenzen werden auf Zeit geschlossen, Ihre Währung gilt weiterhin.

P: Rätselhaft, alles rätselhaft. Was treibt Sie?

Für USE braucht Präsident zehn Jahre.
Alle Schuldenländer werden durchfinanziert

B: Herr Noch-Präsident, ich werde nicht zulassen, dass Sie auf kaltem Wege das Königsrecht des Bundestages, das Budgetrecht, die alleinigen Entscheidungen zum Haushalt und zur deutschen Finanzpolitik, an sich ziehen, vernichten.

P: Ich, ich habe bis eben gedacht, dann hätte ich Luft, Zeit, um sie zu nutzen. Nun muss das Unglück eben seinen Lauf nehmen. Mit Abschaffung der Zinsen und mit viel geschenkter Liquidität könnte ich die völlig überschuldeten Mittelmeeranrainer noch über zehn Jahre hinwegbringen. Die Zeit brauche ich, um mein erstes großes Ziel zu erreichen. Die Union zusammenzubringen, die den führenden Weltnationen und Weltökonomien Paroli bieten wird.

B: Und Ihr zweites großes Ziel?

P: Die USE.

B: Na, gut, dass Sie in zwei Jahren Ihren Wein ausbauen können.

P: Sie begreifen überhaupt nicht, was der große Wettkampf für die Menschen bedeutet. Eine große Idee, für die sich zu leben und zu ackern lohnt. Nicht das Leben in tristen Kleinstaaten, wie Ihrer Schweiz. Und ich habe gedacht, Sie hätten diesen großen Kampf verstanden. Gefehlt, gefehlt. Nichts haben Sie. Jetzt kommen Sie mit Bundestag, Königsrecht. Gleich kommt noch Ihr Bundesverfassungsgericht. Wenn einer mich fragt, ob ich Karlsruhe kenne, möchte ich kotzen.

B: Karlsruhe ist eine lebenswerte Stadt, ähnlich wie Düsseldorf, Vorortverkehr mit Frankreich. Damit es klar ist: Ich verkrieche mich nicht hinter Gerichten. Das Bundesverfassungsgericht trainiert mein Gewissen, immer das Grundgesetz einzuhalten, nicht auf kaltem Wege Diktator zu werden. Ich achte dieses wie das gesamte deutsche Gerichtswesen und die Polizei hoch.

P: Deutscher Ordnungsfanatiker. Typisch. Und ich sitze hier und höre mir das an.

B: Kommen Sie raus aus Ihrem Großreichtraum. Wir Deutschen haben davon genug, genug Krieg gemacht. Es reicht.

P: Zurück ins Biedermeier.

B: Nein, zurück in die Wirklichkeit. Sie sagten selbst, dass Sie die Union maximal noch zehn Jahre über Wasser halten können. Dafür zerstören Sie endgültig die Zinsen und schaffen Liquidität aus dem Nichts. Nur Geld in die Luft zu blasen schafft kein neues Produkt, keine neue Arbeit. Mein Land wollen Sie nicht ordnungsgemäß kreditieren, so dass wir das geliehene Geld zurückzahlen müssen, bevor es neues gibt, sondern nur ausnehmen. Sie haben uns schon so in die Kreide gejagt, dass ich nachts wach liege und immer größere Sorgen habe, nicht aus meinem Geschäft, nein, aus der vier Tage alten Bundeskanzlerfunktion.

P: Sie tun so, als ob ich herumfuhrwerke. Allem, was ich tue, hat Deutschland zugestimmt. Ich bin kein Krimineller. Ich erwarte Ihre Entschuldigung für das, was Sie mir unterstellen.

B: Keine Entschuldigung. Wofür auch? Ich sage Nein zu Ihrem Großreichtraum, zu Ihrem Großmachtfimmel. Und überhaupt, um wieder auf unser Gesprächsthema zurückzukommen: Sie können doch nicht zaubern, auch nicht, um Ihre geliebten Mittelmeeranrainer plus Portugal mit permanenten Geldfusionen am Leben zu halten. Damit sichern Sie deren Liquidität, deren Wirtschaft nicht auf Dauer, selbst dann nicht, wenn Sie uns das Vermögen wegnehmen und Ihren Mittelmeergeliebten schenken. Das wissen Sie genau. Ihr Argument, dass Sie Zeit kaufen, ist eine Luftkapriole.

P: Lust- oder Luft?

B: Luftkapriole. Sie kennen Ihre Mittelmeer-Troubadoure genau. Da passiert nichts. Solange Geld von uns in die Kasse kommt, wird weiter in den Tag gelebt. Zukunft, Zukunftsinvestitionen, Zukunftsvorsorge sind Fremdworte. Für mein Volk nicht, für mich überhaupt nicht.

P: Sie bringen eine Schärfe in unser Gespräch, die ich nicht verstehe. Ich, ich weiß doch wie Sie, dass die Union allein mit den Luschen vom Mittelmeer die Haltbarkeit einer Sandburg an der Adria hat. Ach, schönes Bild! Ich brauche den deutschen Beton. Auch schönes Bild! Nur mit dem vorwärtsschreitenden Geist der Deutschen, mit den Erfindungen, mit der Produktionskunst zwinge ich die Heiteren vom Mittelmeer, ernsthaft zu arbeiten.

B: Und was ist Ihr Zwangsmittel?

P: Die Unionswährung.

Der Bundeskanzler will abhauen

B: Wir drehen uns im Kreis. Das Gespräch wird sinnlos. Ich fahre nach Berlin zurück. Den Zug um 14:14 Uhr kann ich noch erreichen.

P: Beruhigen Sie sich doch bitte. Das Problem, das Sie sehen, ist doch keines. Jedenfalls für einen gelernten und erprobten Investmentbanker nicht, auch wenn Sie diese nicht mögen. Wenn ich fertig bin und Sie mich verstanden haben, das werden Sie, können Sie Ihre Bundestagsansprache absagen. Was Sie sagen werden, ist von gestern. Dafür wollen Sie doch Ihre junge Karriere nicht aufs Spiel setzen? Ihr Schweigen ist mir auch eine Antwort. Also fahre ich fort. Bevor ich Ihnen die weitere Arbeit meiner, ja, auch Ihrer Zentralbank darlege, muss ich persönlich werden.

B: Kommt etwas Neues, Herr Präsident, oder drehen wir die bisherige Runde noch einmal, zur Abwechslung einmal rückwärts?

P: Ich, ich meine Neues, jedenfalls für Sie. Haben Sie Geldtheorie betrieben?

B: Auf der Berufsschule ganz kurz, mehr Bilanzen.

P: Haben Sie eine Lehre gemacht? Was?

B: Metallbauer, altdeutsch Schlosser und Schmied.

P: Wie beneide ich die Deutschen um ihre Berufsausbildung. Den Begriff kenne ich nur auf Deutsch, aber ich kenne ihn. Was haben

Sie dann gemacht? Doch nicht gleich Großunternehmer geworden?

B: Na, na, Herr Präsident, Sie haben auch mal klein angefangen. Habe gejobbt und studiert, Betriebswirtschaftslehre in Düsseldorf.

P: Geld studiert?

B: Nein, nicht richtig, etwas Nationalökonomie.

P: Noch einmal meine Frage: Geld, Geldtheorie?

B: Nein.

P: Haben Sie etwas von Keynes gehört?

B: Augenblick. Ja, den Namen mussten wir im Chor hersagen. John Maynard Keynes.

P: Wissen Sie etwas von ihm?

B: Nein.

P: Etwas vom ihm gelesen?

B: Nein.

P: Anderes?

B: Nein, aber zum Geld fällt mir ein …

P: Doch etwas?

B: US-Präsident Bill Clinton schwor auf einen Friedmann.

P: Friedman, Milton. Die kleine Rezession um 1929 wurde erst zur Riesendepression, weil die US-Fed und andere Zentralbanken zu spät und falsch herum gehandelt haben. Ihre Reichsbank handelte am falschesten, das führte direkt zum Untergang und zu Hitler. Friedman propagierte das Gegenteil.
Ich mache das heute auch so. Ihre Reichsbank ist mir das warnende Beispiel, deren Blödsinn nicht zu wiederholen. Eine schwere Krise kann man nur mit frischem Geld verhindern. Das macht Wall Street fett, aber es verhindert eine zweite Riesendepression mit Riesenarbeitslosigkeit und mit daraus folgenden Diktaturen.

B: Wer ist Ihr Vorbild?

P: Meine Eltern, beide haben immer nur hart gearbeitet.

B: Nein, ich habe mich unklar ausgedrückt, ich meinte in Ihrem Geld- und Zentralbankgeschäft.
Halt. Mir fällt noch ein: Greenspan, auch zu Clintons Zeiten, nicht wahr?

P: Bei Alan habe ich gearbeitet. Wenn es eine Hierarchie der Geldnarrateure, damit Sie es verstehen: Geldmärchenerzähler gibt, hat Greenspan auf ewig den ersten Platz, gefolgt von Keynes. Alan habe ich bewundert. Er hat nie etwas Konkretes gesagt, sondern nur historische Geschichten erzählt. Mehr nicht.
Alle Schuld auf Milton oder Alan abzuladen ist billig. Schuld sind genauso die großen Politiker, die Bankleiter und die Bankaufseher vor allem. Gerade diese haben nicht ihre Verantwortung gelebt,

sich nicht ums Eigenkapital geschert und sich in Basel amüsiert bei gutem Essen in der Bank für Internationalen Zahlungsausgleich. An der seid ihr Deutschen auch schuld, wurde für eure Reparationen zum Ersten Weltkrieg eingerichtet.

Daran mögen die Banker von Basel nicht erinnert werden. Sie glauben, sie seien was Feines, die Zentrale der Weltzentralbanken. Oberbeamtentum! Mehr nicht. Diese Basler Aufseher haben Hauptschuld an unserer Auseinandersetzung. Aber das habe ich Ihnen schon dargelegt.

B: Bitte noch einmal, ich habe die Basel-Story überhaupt noch nicht verstanden. Sie sind meiner Frage zuvorgekommen. Bitte noch mal.

P: Irgendwann in den 1970er/80er Jahren haben diese Oberaufseher entschieden, Banken könnten ihre Kredite in einige Gruppen unterteilen. Für alle müsste Eigenkapital unterlegt werden, aber differenziert nach Risiken. Nur nicht für Staatsanleihen, nicht für Bankkredite an Staaten und ihre Untergliederungen.

Diese Idioten. Das ist der Grund für das heutige Schuldendrama.

B: Verstehe ich immer noch nicht ganz.

P: Risikoloses Geschäft. Keine Wertberichtigungen. Kein Kapitalaufwand. Keine Verantwortung der Politik. Keine Verantwortung der Zentralbank. Auf ein oder zwei Billionen oder Trillionen im Jahr kommt es nicht an. Kostet ja nichts, die Banken nicht einmal 'nen Hauch von Eigenkapital.

B: Verantwortlich machen dafür können Sie keinen. Bestimmt alles Offizielle mit absoluter Immunität. Nicht zu greifen.

P: Jetzt Ihre Schlussfolgerung, wenn es Ihnen beliebt.

B: Aussteigen!

P: Nicht doch, nicht doch! Falsche Schlussfolgerung für Ihre Regierung. Sie müssen Ihren Staat doch liquide halten, auf immer und ewig.

B: Habe ich es falsch verstanden, haben die Basler Aufseher nicht erst überhaupt Ihre Geldschwemme ermöglicht?

P: Ja. Wollte ich das? Ich bin doch kein Diktator. Ich bin ein friedliebender Demokrat. Von den Basler Aufsehern und ihrem Regime bin ich zur Geldschwemme, zum unbegrenzten Geldmachen getrieben worden. Da kommt man leicht in die Rolle eines Diktators, auch wenn man es nicht will.

B: Kein politischer, nur ein monetärer.

P: Diktator ist Diktator. Denn ich muss den Schwachsinn der Bankaufseher aus Basel mit meiner Arbeit auffangen, ohne Rückendeckung, auf eigene Kappe, mit Geldmachen, mit Geldschwemme. Hätte ich für die Union auch die Kompetenz für die Finanzpolitik, würde ich dem Spuk sofort ein Ende bereiten. Staatskredite würden bei den Banken genauso hoch wie Unternehmens- und Privatfinanzierungen mit Eigenkapital belastet werden. Dann würde das Staatsschuldenkarussell abrupt gestoppt.

B: Was Sie gesagt haben, muss ich erst einmal reflektieren. Noch einmal zurück.
Wo sehen Sie denn Ihren Platz? Bei eins: Keynes oder bei zwei: Friedman/Greenspan?

P: Zwischen eins und zwei.

Schauen Sie nicht so entsetzt. War ein Scherz. Die Nachwelt wird mir Kränze winden, das reicht dann. Schon wieder Ihr Blick. War noch ein Scherz.

Ich möchte meine Amtszeit zu Ende bringen ohne Geld-, Finanz- und ohne Weltkrise. Diesem Ziel ordne ich meine ganze Arbeit unter.

Rettung für Schuldenunion und Schuldenzentralbank: Das Geschäftssystem der MMT Modern Monetary Theory

Grundlegend für Sie und mich in unseren Funktionen: Es gibt keine Geldtheorie. Es gibt auch keine Theorie der Geldpolitik. Darauf, darauf baue ich auf. Deshalb realisiere ich als Erster die MMT in großem Stil.

B: MMT?

P: Modern Monetary Theory.

B: Also doch eine Geldtheorie.

P: Nein, ein Geschäftssystem. Der Name klingt solide, vertrauenerweckend, wissenschaftlich. Alles, was wir eben gelernt, Entschuldigung, besprochen haben, können Sie jetzt anwenden.
Diese MMT ist ein in sich geschlossenes Finanzierungssystem, wenn ich so sagen darf, zwischen Zentralbank und Rest der Welt. Nur die Zentralbank kann aus Anleihen der Banken für Staaten oder Companies neues Geld schöpfen, machen. In diesem System gibt es sogar Zinsen. Die werden auch bezahlt, ihre Gegenbuchung geht auf das Großkonto Schulden.
Die Entscheidung der Basler Rechenmaschinisten hat, leider sei es konstatiert, mit den Null-Eigenkapitalbelastungen für Staatskredite die MMT-Anwendung für uns rentabel gemacht. Ohne Zahlung von irgendwoher. Unschlagbar!

B: Ist das, was Sie da machen wollen …

P: Machen, nicht wollen.

B: … was Sie da machen, rechtens?

P: Zweifeln Sie daran?

B: Ist Ihre MMT mit dem Unionsvertrag vereinbar?

P: Natürlich. Ihre Frage ist ehrenrührig.

B: Nein, ist sie nicht. Denn bei meinen bisherigen Studien, ich berichtete vorhin davon, bin ich im ganzen Unionsvertrag weder auf Modern Monetary Theory noch auf das MMT-Kürzel gestoßen.

P: Soso. Es ist alles rechtens. Ich gehe doch nicht über den Unionsvertrag raus. Niemals.

B: Schieberegler?

P: Sie mit Ihrem Schweizer Bauern. Nein, nein.

B: Ultra vires?

P: Sie verblüffen mich. Was weiß denn ein deutscher Mittelständler von ultra vires?

B: Viel. Rechtsalltag mit Engländern, Schotten, Iren, ihrem Commonwealth, Amerikanern, noch mehr mit der Wettbewerbspolizei der Unionskommission.

P: Sie, ein Mittelständler?

B: Patentmonopolist. Das mögen die Kommissare aus anderen Unionsländern nicht. Da grätschen sie hinein. Die Wettbewerbsabteilung in Brüssel ist eine tolle Spionageeinheit. Das Land, das die Abteilung führen darf mit seinem Kommissar, kann für sich abkupfern.

P: Und wie wehrt sich der deutsche Mittelständler? Was heißt denn ultra vires für ihn?

B: Entscheidet die Kommission gegen ihn, weil sie ihre Kompetenz überschreitet, ultra vires mit Füßen tritt, verlegt er die Produktion in die Schweiz, nach Kanada, jetzt auch wieder in Ihr London plus Umgebung. Die Unionskommission muss dann stille sein. Weil sie eine Entscheidung außerhalb ihrer Kompetenz getroffen hat, kann sie den Flüchtling nicht verfolgen, muss ihre Kompetenz stillschweigend aufgeben.

P: Verstehe ich immer noch nicht, UV hat aber nichts mit MMT zu tun.

B: Doch, sehr. Ultra vires begrenzt Ihre Geschäftstätigkeit …

P: Doch nicht meine, Sie meinen die der Bank.

B: … begrenzt die Geschäftstätigkeit der Unionszentralbank auf die im Unionsvertrag rechtlich festgelegte Geschäftstätigkeit; was darüber hinausgeht, ist ultra vires, ist eine Kompetenzüberschreitung. Da ich MMT nicht im gesamten Vertragswerk gefunden habe, muss ich jetzt davon ausgehen, dass Sie mit Ihrem Geldmachen Ihre rechtlich fixierte Geschäftskompetenz verlassen haben.

P: Nein, MMT unterliegt dem Mandat der Bank.

B: Ihnen habe ich zu glauben, ich betone, Ihnen, Herr Präsident, habe ich zu glauben. Deutschland hat Sie mitgewählt.

P: Das ist ein verstecktes Misstrauensvotum. Ich fasse es nicht.

B: Fahren Sie fort, lassen Sie Ihre persönlichen Gefühle außen vor. Tun wir so, als ob MMT Teil Ihrer Kompetenz …

P: Nein, nein, nicht meiner, wollten Sie doch wieder behaupten, nein der, der Unionszentralbank ihre ist …

B: … als ob MMT Teil Ihrer Kompetenz …

P: Ich gebe es auf.

B: Gut so, Ihrer Kompetenz ist. Ich möchte endlich Ihre MMT hören, Ihre Geldpolitik. Danach können wir uns immer noch austauschen, ich meine Meinung finden.

P: Austauschen? Streiten meinen Sie.

B: Wenn Sie nicht anfangen, können wir nicht einmal dieses.

P: Noch einmal zum Merken für Sie! Ich brauche nichts wie das Ultravires, klingt wie Gurgelwasser oder Medizinsalbe.

B: Gurgelwasser ist gut.

P: Ich nutze das Recht. Wer nutzt, der gestaltet. Ich lese den Unionsvertrag nur mit den Augen eines Europäers und nur so nutze ich die Artikel.

B: Auch die Entscheidungen des unionseigenen Gerichtshofes?

P: Nein, nein, unleserlich, zu nichts zu gebrauchen. Kleinstadtgefiedel. Waren Sie einmal in Luxemburg?

B: Ja, kenne auch die Echternacher Brück. Das ist noch Deutschland.

P: Ist die wichtig? Hat Luxemburg einen eigenen Fluss? Ich schaffe L. in 50, nachts in 35 Minuten.

B: Fluss ja, die Sauer. Nach Echternach, das ist L., gingen die Deutschen, verkleidet als Eifelwanderer, in L. hinein und hinterzogen erfolgreich ihre Steuern.

P: In solchem Kiez sitzt der oberste Gerichtshof. Nicht in Bologna, Wiege des Rechts, oder in Den Haag, dem Weltgewissengericht. Nein, nein, in Luxemburg.

B: Profitiert L. von MMT?

P: Die profitieren von allem, auf dem ein Währungszeichen draufsteht.

B: Machen die in L. bei Ihrer MMT mit?

P: Vorneweg.

B: Wir rennen um den heißen Brei herum. Was treibt Sie, die Union unter die MMT zu stellen?

P: Fürsorge. Geld schädigt die Schwachen, die Armen. Sie nehmen an den Erfolgen der Integration nicht teil. Nur MMT erlaubt den Armen, den Schwachen, voll an der Integration mitzubauen und endlich, endlich Erträge für sich zu erhalten. Das wollen alle Europäer, ergo ist MMT für alle, für die Armen, für die Reichen richtig.

B: Mit dem Argument erschlagen Sie jedes Recht, jede Verfassung.

P: Ich diene allen, allen Menschen. Wozu ist Recht da? Dazu. Ich, ich nehme es so, wie es gewollt wird.

B: Das sagen Sie. Das sagen Diktatoren auch.

P: Ich bin ein Demokrat.

B: Mag sein. Als gewählter Zentralbankpräsident sind Sie ein Amtsträger, Amtsträger auf Lebenszeit, selbst wenn Sie schon wieder regulär Ihr Amt beendet haben. Ihr Leben lang haben Sie Ihrem Präsidentenamt zu dienen, auch während Ihrer Pensionszeit.

P: Was heißt das?

B: Über Ihnen steht das Strafrecht für all Ihr Tun, ob Sie arbeiten, handeln, reden.

P: Nein, nein. Per Gesetz habe ich die Immunität.

B: Nicht für Ihre Amtsträgerschaft, vielleicht für Ihre Tätigkeit.

P: Ich, ich hafte nicht.

B: Aus meiner Sicht doch.

P: Das, was Sie gerade gesagt haben, erschlägt mich. Das mit der Amtshaftung.

B: Amtsträgerschaft.

P: Das meine ich. Das gilt doch nur für Deutsche, für Sie, nicht für mich. Ich bin in Frankfurt Ausländer.

B: Sie sehen es so, für mich sind Sie Amtsträger und so verhandeln wir bis zu Ihrem Tode.

P: Hören Sie auf. So macht man keine USE. Was verlangen Sie von mir!
Hören Sie auf. USE ist das Ziel, Amtsträger ist Firlefanz. Sie wollen doch die USE? Warum reden Sie um sie herum? Amtsträger und so. USE ist doch unser gemeinsames Ziel, unsere gemeinsame Arbeit. Alleiniges Ziel, Sinn, Aufgabe, Inhalt der Union ist es. Ja, ja, das ist es.

B: Und dem dient Ihre MMT?

P: Sie hören nicht zu, Sie reden gleich dagegen. Sie wissen nicht, was ich sagen will, aber dagegen zu sein ist keine Politik für Europa. Europa kann nur als neuer Staat überleben. Wenn Sie das nicht einsehen, dann müssen Sie es glauben. Ihr Deutschland hat keine Chance.

B: Und das machen Sie mit Ihrem Einigungsmittel MMT?

P: Sie machen es, Ihr Volk macht es. Alle wollen den neuen Staat. Und ich, ich werde ihn schaffen. Mich wird niemand mehr daran hindern. Für die Union lebe ich, sterbe ich. Auf meinem Grabstein wird stehen: »Dem Schöpfer der USE. Die USE dankt ihm alles«.

B: Besser klingt: »Verdankt ihm alles«.

P: Stimmt, klingt besser.

B: Weiterer Vorschlag, USE ausschreiben, auf Englisch anfangen und dann in allen 20 oder 30 Unionssprachen wiederholen.

P: Nur in vier Sprachen insgesamt.

B: Verstehe ich. Auf Ihrem Grabstein wollen Sie an den Unionsstart erinnern. An die Montan-Union. Deutsch, Französisch, Italienisch, Niederländisch.

P: Ja, ja, Luxemburgisch haben Sie vergessen.

B: Letzelburgisch.

P: Und Ihr Deutsch ganz nach hinten. Wir haben Ihr Land gerettet.

B: Frankreich wollte die deutsche Konkurrenz einkaufen. Italien wollte allen mitteilen, dass es am Zweiten Weltkrieg weder mitgewirkt noch gar eine Schuld hat. Lüge eins: Italien hat den Zweiten Weltkrieg mit ausgelöst und geführt. Lüge zwei: Ohne die Montan-Union von Frankreichs Gnaden und seinem Befehl wäre Deutschland schon 1954 auf dem Weltmarkt allein konkurrenzfähig gewesen. Warum mussten wir immer die Hinterherhinkenden aus dem Westen und Süden Karls-des-Großen-Reiches durchfüttern?

P: Aufhören, aufhören, nicht anzuhören, wir reden nur über die USE, die in fünf Jahren.

B: Zur Güte. Ihnen habe ich zuzuhören, zu glauben, ich betone, Ihnen, Herr Präsident, habe ich zu glauben.

P: Warum das?

B: Ich wiederhole: Deutschland hat Sie mitgewählt.

P: Ich, ich wiederhole auch: Das ist ein weiteres verstecktes Misstrauensvotum. Ich fasse es nicht. Das ist mir noch nie passiert.

B: Fahren Sie fort. Ich möchte Ihr MMT-Konzept hören. Dann können wir uns immer noch über meine Meinung austauschen, dass ich Ihnen zu glauben habe, weil Deutschland Sie mitgewählt hat.

P: Das wird immer schlimmer. Misstrauensvotum noch einmal.

B: Kommen Sie vom Baum runter.

P: Sie reden vom Austauschen. Streiten meinen Sie alleine.

B: Wenn Sie nicht anfangen, können wir nicht einmal dieses. Habe ich schon einmal gesagt.

P: Mit Ihnen rede ich jetzt nur, weil ich muss.

B: Muss.

P: Sie sind jetzt für mich nur Deutschland, und das allein hat mich gewählt, nicht Sie. Verstanden? Verstanden!
Wo waren wir stehengeblieben? Sie haben mich verwirrt. Was wollte ich sagen?

B: Herr Präsident, Sie haben begonnen, mit mir einen Schnelldurchgang in Geldtheorie, genauer in der Theorie des Geldmachens zu vollziehen.

P: Inklusive Geldpolitik?

B: Ja. Für Ihre Mühe mit mir bin ich Ihnen dankbar.

P: Letzter Punkt?

B: MMT. Modern Monetary Theory.

P: Was wissen Sie dazu?

B: Nichts.

P: Wirklich nicht mehr? Aus Ihrer Zeitung, von Kollegen?

B: Nein.

P: Dann fange ich bei null an. Wie macht man Geld? Nur darum geht es. Der Rest ist Statistik, Buchungskram, Wirtschaftsprüfergewurschtel.
Also, Herr Bundeskanzler, fangen Sie an, machen Sie Geld!

B: Geld macht man nicht. Geld ist da, Münzen, Geldscheine.

P: Wert?

B: Was draufsteht.

P: Ihr Glaube daran!

B: Einverstanden.

P: Ich lese vor, was vor kurzem ein Bankier aus der Schweiz ...

B: Aus dem Bauernland.

P: ... hören Sie schon auf, aus der Schweiz gesagt hat: »Geld ist ein Darlehen, das der Bürger der Notenbank gewährt.«

B: Damit kann ich leben.

P: Nicht so schnell. »Dies in der Erwartung, dass das eingezahlte Geld in einem Jahr, in zwei Jahren oder zehn Jahren noch gleich viel wert ist.«

B: Klingt vernünftig. Geld verträgt keine Inflation, nicht einmal Ihren Hauch. Von wegen gerade bis unter zwei Prozent Jahresinflation sei Preisstabilität.

P: Nicht so hastig. Ich bin noch bei dem Schweizer. Denn vorsichtig ausgedrückt gibt der die Auffassung eines Romantikers wieder, ...

B: Besser als Bauer.

P: ... die mit der Wirklichkeit nichts zu tun hat. Die Bürger kommen zu meiner Bank und geben mir Darlehen. Zum Lachen. Umgekehrt wird ein Schuh draus.

B: Augenblick! Ohne Vertrauen der Menschen in die Zentralbank gibt es kein Vertrauen in die von ihr ausgegebenen Zettel. Eigenen Wert haben die doch nur im Pfennigbereich.

Geldlehren sind Märchen. Geldmachen ist kinderleicht. MMT hebt alle Grenzen auf

P: Wenn schon, dann genau: Centbereich. Sie sind auch ein Romantiker. Ihr Vertrauen ist Luft. Bevor ich Ihnen erkläre, wie Geld gemacht wird, räumen wir mal die Romantik in Ihrem Kopf ab. Erleichtert wird mir das dadurch, dass Sie wenig von Geldtheoretikern mit Lehren, Vorlesungen berieselt worden sind.
Ein für allemal: Es gibt keine Geldtheorie, Theorien der Geldpolitik, Verhaltenswissenschaften übers Geldausgeben, es gibt nur Märchen, vornehm Narrative, unendliche Erzählungen, unsäglich viele Geschichten, kurz romantischen Unsinn, geistigen Müll.
Folgen Sie mir bis hierhin?

B: Ja, ja, wird interessant.

P: Sagen Sie bitte nicht schon spannend, vielleicht am Schluss. Geld entsteht nur über Kredit.

B: Wie bitte?

P: Was machen Sie mit Kredit Ihrer Bank?

B: Ich investiere, zahle Löhne …

P: … bringen Geld unter die Leute, der Kredit vervielfältigt sich. Wenn Sie Ihren Kredit zurückzahlen, bleibt viel übrig draußen. Und – das »Und« ist für unsere politische Arbeit, für Ihre Rede, zu der wir vielleicht auch noch kommen werden, wichtig. Und weil die Banken begrenzt sind, Kredite zu geben, Kapital ist ein teures und scheues Gut, wie Sie am besten wissen, kommen die zur Zentralbank und verlangen Kredit für ihr weiteres neues Geschäft. Kriegen sie, wenn sie Sicherheiten bieten, eben Kredite, damit die Zentralbank ihr Geld wiedersieht. Ob nun die Kredite in Ihr Unternehmen, in den Hausbau oder an den Staat gehen, damit er Straßen baut oder Lehrer bezahlt, ist gleich. Bei mir zu Hause sagte man: schnurzpiepegal.

B: In Düsseldorf auch.

P: Sehen Sie. Das ist alles. Mehr brauchen Sie nicht zu wissen. Geld kommt nur aus Kredit. Sind Unternehmer wie Sie faul, springt der Staat ein und leiht sich Geld.

B: Inflation, Deflation?

P: Mehr Kredit, als gebraucht wird, bringt Inflation, zu wenig Deflation. Das ist die Kunst des Zentralbankers, Gas zu geben oder runterzuschalten. Ich kann das, ich bin bekannt dafür.
Verstehen Sie jetzt, warum sich Banker immer zur Kunst hingezogen fühlen? Geschichten, Märchen, Narrative, Theorien zu erzählen ist der spezielle Beitrag der Bankmenschen zur Literatur, jedenfalls glauben sie das.
Ihre Bundesbank macht wunderbare, unzählige Statistiken. Wenige sind nur wichtig, die mit der Überschrift »Kredite«.

B: Zurück zur MMT. Das ist eine Theorie, Modern Monetary Theory.

P: Geschichte, Story. Wenn die Leute Theorie hören, glauben sie das Märchen. Fairy Tales nur. Einer von den MMT-Trommlern baut seine Geschichte auf eine Rede des amerikanischen Zentralbankpräsidenten auf. Der soll gesagt haben, dass Geld nur über Auswechseln von Computereintragungen entsteht. Schöne Geschichte, nicht? Leider vergaß der Trommler einen wichtigen Halbsatz. Der Präsident hatte im Kongress nur erklärt, wie das Gelddrucken heute geschieht. Aus Drucken machte der Trommelschläger Machen.

B: MMT muss doch begründet sein, nicht nur auf einer Lüge, so sage ich, aufgebaut sein. Kam das plötzlich, gibt es seriöse Denker, Vorläufer? Die Theorie, nein, Erzählung wird große Auswirkung auf Deutschland haben. Sie sagten, Sie würden die Geschichte verwirklichen, zu Ende bringen, wie ich Sie verstanden habe.

P: Gut, ich wollte nicht darüber reden. Ihr Deutschen habt sie uns allen eingebrockt.

B: Wenn ein globaler Banker, ein Banker von der Wall Street, ein oberster Unionsführer so spricht, riecht es nach Hitler.

P: Getroffen. Getroffen. Das wussten Sie doch?

B: Nein, erzählen Sie mal.

P: Am Ende des Ersten Weltkrieges forderte ein Bauingenieur, die Zinsknechtschaft zu brechen.

B: Wo?

P: Wo, wo? In München natürlich, dieser Untergangsmetropole.

B: Wie hieß der Mann?

P: Gottfried Feder.

B: Feder, München Untergangsstadt, etwa Hitler?

P: Wieder getroffen. Zum zweiten Mal getroffen. Nie »MK« gelesen? Nein? »Mein Kampf«?

B: Erst war es verboten, heute total verpönt. Ein Politiker ist in den Medien und in den Netzwelten der anonymen Bauchredner in zwei Tagen tot, wenn er sagt, er habe »Mein Kampf« in der Hand gehabt.

P: Ich sage ja, die Deutschen sind ein durch und durch widersprüchliches Volk. Erst beschreien sie einen, dann verachten sie einen. Und immer glauben sie, im Recht zu sein.

B: Sie betonten Gottfried Feder und Brechung der Zinsknechtschaft – und Hitler.

P: MK, mein Lieber, so um die Seiten 230. Alle Furcht der Deutschen über die von Hitler geweissagten schrecklichen Folgen einer Zinsknechtschaft sitzen bis heute tief, sind eingebildet. Auf diese Folie fiel Hitlers Unterjochung des Kapitals, erfolgreich bis heute. Ich zitiere aus dem Kopf. Der Staat habe dafür zu sorgen, dass das Kapital allein Dienerin des Staates sei, sich nicht einbilde, ja, wirklich einbilde, Herrin der Nation zu sein. Warum das Kapital weiblich sei, hat Hitler nicht verraten.

B: Hitler hat doch nichts mit MMT zu tun.

P: Doch, doch. Sein Ideengeber, der Herr Feder, und einige Ökonomen hinter und um Hitler haben die Abschaffung des Zinses und die unendliche Kreditnahme des Staates über die Zentralbank erarbeitet.

AH hat sich um seine Zinsknechtschaft und deren Brechung später nicht mehr gekümmert. Zins war gut fürs Volk, also weitermachen. Andere haben weitergedacht und gehandelt. Sagt Ihnen Hjalmar Schacht etwas?

B: Ehrlich gesagt nein.

P: Hjalmar Horace Greely Schacht, geborener New Yorker, Hanseat im Geist, so sagt man doch bei euch, Wanderer zwischen Berlin und London–New York hat MMT realisiert. Ihr Land war 1932 pleite, sieben Jahre später hat es einen Weltkrieg entfacht. Reichsbankpräsident Schacht hat dies möglich gemacht, sein Hitlerstaat wurde Kreditgeber, die Reichsbank finanzierte mit. Ende 1938 schrieb er mit seinen Kollegen an Hitler, dass die Reichsbank zur Finanzierung der ungeheuren Ausgaben nicht mehr bereit sei. S. wurde entlassen, was ihm später in Nürnberg den Kopf gerettet hat. AH machte unbeeindruckt weiter. Es ging alles so einfach über das Reichsbankgeld.

B: Wie das? Ich bin nicht im Film.

P: Es wurden nur Schuldscheine refinanziert, also Papier mit immer wiederholbarem Text bedruckt. Keine Schuldverschreibungen. Die hätten vom Reich emittiert werden müssen. Ohne irgendwelche, auch nur juristischen Gegenwerte wurden ein ganzes Reich und ein Weltkrieg finanziert. Auch mit dem Ausland, über die Bank für Internationalen Zahlungsausgleich, eben in Basel, ich erwähnte dieses bedeutende Institut schon.

B: Bedeutend fanden Sie dieses nicht.

P: War Ironie. Ein hässlicher Turm voller Bürokraten, die ich, wie Sie schon erfahren haben, so besonders verehre.
Wenn das in Deutschland keine MMT gewesen ist, will ich, werde ich, weiß nicht. Klassische MMT, klappte großartig.

B: Danke Herr Präsident, für die Geschichtslektion. Wichtig für mich. Nur eine Frage: Hat Schacht sich auf Feder berufen?

P: Nein, das wäre ihm zu vulgär vorgekommen. Schacht erfand alles selber. Er war die personifizierte Elite.

B: Das ist nun doch Ihr Vorbild?

P: Wenn es richtig ist, warum nicht? Ich habe doch keine Querbalken zur deutschen Geschichte wie Sie im Kopf. Ich habe nur den Erfolg meiner Zentralbank als Ziel.

B: So weit bin ich noch nicht. Wie hat Hitler denn Diktatur und Krieg finanziert, nachdem Schacht rausgeschmissen worden war?

P: Wie ich meine, wie von Anfang an.

B: Anfang?

P: Na, ab Anfang 1933, er hatte alles vorbereitet, seine Gefolgsleute saßen schon vor dem Datum in den Ministerien. Hitler hat eine klassische Revolution gemacht, streng darauf geachtet, dass diese das Volk nur glücklich macht. Dazu gehörten Sparbücher, Zinsen darauf, sie wurden sogar noch nach dem Untergang April–Mai 45 weiter auf die Sparbücher überwiesen. Ein handfester Beweis dafür, dass sich das System verselbständigt hatte. Das ist typisch für die MMT-Anwendung.

B: Schacht war also für Hitler ein Glücksfall. Er lenkte ab.

P: Sie sagen es. Schacht beruhigte London und New York. Und wandte alle Tricks der Finanzierungen ohne Kapital an.

B: Investmentbanker.

P: Ich, ich mag Ihnen nicht zustimmen, aber das stimmt. Hitler benutzte Schacht und das ganze Reichsbank-Direktorium ohne Befehle, ohne zu drangsalieren. Viel schlimmer. Er ließ sie vor sich hinwerkeln. Ansonsten machte er, was er wollte.
Mir fällt dazu ein: 1938 waren Leistungs- und Zahlungsbilanz des Reiches kaputt, nicht mehr heilbar. Also teilte er seinen Getreuen mit, die Tschechoslowakei zu überfallen, um deren Tresore leerzumachen.

B: Schlimm, schlimm, so konnte man nicht Reich und Krieg auf Dauer finanzieren.

P: Doch. Seine Ziele lagen um Deutschland herum. Er brauchte Gold für die Importe.
Noch einmal: Ich vertrete nichts von AH, aber die Meinung, er sei nur ein Schlächter gewesen, springt zu kurz. Er hat immer zu Gunsten der Wirtschaft operiert, immer in einer modernen Struktur von heute, immer die Wirkungskanäle des Geldes, der Geldpolitik, wie sie meine Eierköpfe belieben zu nennen, in seine Planung voll eingebaut, genutzt.
Ich, ich weiß, ich rede mich um Kopf und Kragen. Was ein großer Krieg kosten würde, war ihm geläufig, kalkulierte er. Auch dass die zu klauenden Goldbestände in Frankreich, in der Sowjetunion nicht ausreichen würden. Jetzt kommen Feders Einflüsterungen wieder ins Spiel.

Gedacht, getan. Hitler hat Finanzierung verlangt. Er kriegte sie. Die Inflation störte ihn nicht. Es gab keine Inflation für den Bürger, nur in der Statistik. Hitler nutzte die Idee, die heute als MMT verkauft wird, und bewies, dass sie anwendbar ist. Damit ich nicht in den deutschen Medien erschlagen werde, er wusste nichts von MMT, er hat MMT nicht erfunden oder auch nur formuliert. Hitler hat MMT praktizieren lassen.

B: Und Sie werden es jetzt machen. Und alle Fehler Hitlers vermeiden.

P: Ja, ja. Eben, nicht reden, sondern machen, weitermachen ist genauer.

B: Danke für den Übergang. Wie praktizieren Sie MMT in der Union?

P: Ich habe keine Wahl. Ich muss die Union zusammenhalten, um meinen Abgang in zwei Jahren geordnet hinzubekommen. Daran hängt meine Pension. Daran. Das ist allein meine Triebfeder. Ich weiß, ich wiederhole mich. Mit MMT vermeide ich jede Bankkrise, jede Finanzkrise. Ich erreiche meine Pension.

B: Klares Wort. Ihnen ist Ihre Pension wichtig.

P: Entscheidend. Ihnen nicht? Warum sind Sie denn in die Politik gegangen? Doch wegen der Staatspension?

B: Nein. Meine Frau und ich sind unabhängig. Wir haften in unserem Unternehmen mit unserem ganzen Vermögen, ist alles veröffentlicht.

So weit das Private. Ihr Vortrag hat mich neugierig gemacht. Ist MMT ein Hitlersystem?

P: Nicht speziell. Heute in den USA in Mode.

B: USA?

P: Da kommt die moderne Fassung her. Viel Gehirn wird darauf verwendet. Die Zentralbank der Amis kann es perfekt.

B: Was ist Ihr Antrieb, Betonung auf Sie persönlich?

P: Ohne MMT kann ich das Unionsgeld- und -finanzsystem nicht zusammenhalten. Ich kann nur Liquidität hineinpulvern, aber ich kann nichts steuern, habe keine finanzpolitische Steuerung.

B: Was brauchen Sie an Liquidität, um das System zusammenzuhalten?

P: Acht bis achteinhalb Billionen für die Unionswährung, neuneinhalb bis zehn für die Union insgesamt, mit den Briten zwölfeinhalb, die sind aber nicht mehr im Unionsspiel.

B: Wie viel Spielmasse haben Sie?

P: Drei, dreieinhalb.

B: Da liegt ein langer Weg vor Ihnen.

P: Sag ich ja. Deshalb verlange ich doch die Hoheit über die Finanzpolitik. Die geben Sie mir nicht, die anderen auch nicht. Also forciere ich die USE.

B: Mir schwirrt der Kopf. Wie soll ich angesichts Ihrer Darlegungen, an denen ich keinen Zweifel habe, überhaupt für mein Volk Politik machen? Irgendwo sitzt in Ihrem System ein Fehler, denn sonst wäre Ihnen die Übernahme der Staatsschulden nicht möglich.

P: Wir baden nur die Bürokratenfreuden aus, deren Schönheiten von Vermerken, großen Gesetzen, Verordnungen. Wie ich die hasse! Überflüssige Menschen, aber unterjochen sich die Menschheit.

MMT ist die Basis
für die Weltmonetärdiktatur des Präsidenten

B: Danke, Herr Präsident, ich habe wieder Neues gelernt. Ein biederer Mittelständler weiß nichts davon, dass Bürokraten ohne Parlamentsauftrag in sein Leben als Unternehmer, damit in das aller Mitarbeiter tief, verheerend eingreifen. Deshalb drängen sich mir zwei grundsätzliche Fragen auf. Kann MMT Demokratie stabilisieren?

P: Vielleicht. Weiter.

B: Kann MMT Diktatur herbeiführen? Kann man Diktator werden, wenn man die MMT führt?

P: Zu eins: Ja. Zu zwei: Auch ja.

B: Kann man beides verhindern?

P: In der heutigen Unionswährung nicht, in der heutigen Union nicht. Nur mit der USE! Dann werden die heutigen Länder zu Gliedstaaten, Deutschland so etwas wie Texas in Amerika, die Unionskommission zur Regierung über alle Gliedstaaten, auch über Ihr Land. Das hört auf zu existieren. Und wir bekommen endlich einen Präsidenten, der das Sagen hat. Dann wird keiner mehr wie die Briten einfach aus der Union abhauen. Das gibt es nicht mehr. Wir sind die zweite USA auf der Welt. Und Ihr Bundesverfassungsgericht wird endlich eingemottet.

B: Nicht mit mir. Es hält die Bürger im Staat und die Politiker in ganz Deutschland bei Vernunft. Das oberste Gericht in Karlsruhe sichert allen Bürgern und dem ganzen Land die Grundrechte und das Grundgesetz. Und, Herr Präsident, es sichert Deutschland, seinen Bürgern und allen seinen Politikern, auch denen in Brüssel/Straßburg und anderswo, die Subsidiarität. Die verhindert, dass die Unionsvertreter, auch Sie, der Zentralbankpräsident, Deutschland allein als Geldbörse und Erfüllungsuntertan behandeln.

Keine Verhandlung über das Bundesverfassungsgericht mit mir. Für mich in meiner heutigen Aufgabe sind die Richter in Karlsruhe mein persönlicher Schutz gegen Sie, gegen die Union, gegen ihr Parlament in Brüssel/Straßburg, gegen die Kommission.

P: Ich, ich verstehe. Mit Ihnen keine USE, mit Ihnen nicht einmal meine Verantwortung für die Finanzpolitik. Dann muss die Geldschwemme weitergehen. Dann muss ich jetzt MMT machen.

B: Nur für die Nachwelt! Die machen Sie schon länger. Ich bin nicht daran schuld.

Gerne höre ich jetzt zu, was Sie als Vorteile der MMT für die Union sehen. So habe ich Sie doch richtig verstanden?

P: Ja, ja, ja.

Der Präsident will abhauen, weiß nicht mehr, dass er in seiner Bank ist

Ist der Wagen schon vorgefahren? Wartet er? Ich komme. Ich lasse Sie, Herr Bundeskanzler, allein. Wir haben uns nichts mehr zu sagen. Sie müssen endlich auch auf mein Alter Rücksicht nehmen, ich stoße an meine Grenzen, natürlich physische Grenzen.

B: Zuerst: Schon vor einer Dreiviertelstunde sagte ich Ihnen, was ich jetzt noch einmal gerne für Sie wiederhole. Sie sind nicht bei mir in Berlin, sondern ich bei Ihnen in der Zentralbank, in Frankfurt am Main.

P: Sorry, sorry. Ich bin völlig daneben. Überanstrengt, mein Alter.

B: Und dann: Jetzt, wo wir zum Hauptteil kommen: Soll ich Sie gehen lassen? Sie verlangen, wie ich gehört habe, von allen Marathongeist, sind bekannt für Ihre langen Nachtsitzungen. Wir hören doch nicht auf halber Strecke auf, nachdem wir uns erst ein bisschen kennengelernt haben. Jetzt wird weitergelaufen, noch 21 Kilometer.

P: Womit habe ich das verdient?

B: Ist MMT ein Wundermittel, ein Perpetuum mobile?

P: Das ist ein Drehbuch, in dem festgeschrieben steht, wie man Geld macht, ohne dass jemand es richtig merkt. Sie meinen, ich sei ein Theatermann. MMT also, also ist reines Theater.

B: Verstehe ich nicht. Es ist doch eine Theorie, Modern Monetary Theory.

P: Theater. Sagte ich doch schon. Hören Sie richtig zu? Nur das, wo Theorie oder Strategiemodell draufsteht, lässt die Leute erstarren, mit Ehrfurcht den Worten lauschen und ihnen folgen.

B: Sie vertreten die Theorie in der Öffentlichkeit, im Fernsehen, in den Netzen, jetzt ist die plötzlich nur noch Theater.

P: Ich, ich spiele Verstecken. Ich mache das, was ich will, für notwendig halte, um die Welt vor der Schuldenapokalypse zu retten. Ich bin Ihr Seher, wenn nicht ich, wer dann? Die MMT verbirgt mich, weil ich sie für meine Botschaften nutzen kann. Deshalb sage ich auch nicht den Titel »MMT«, sondern spreche, wenn überhaupt, nur von der Theorie, von der allgemein akzeptierten Theorie, von der fundierten Theorie, von der Sachverständigentheorie, habe dreizehn weitere verschiedene Begriffe mit Theorie, um mich dann nur über deren viele Vorteile auszulassen.

B: Was Sie erzählen, ist mir zu abstrakt, bitte einige Beispiele.

P: Auf Ihr Risiko! Es wird langweilig. Ich zähle auf.
         Keine Zahlungsaussetzung der Staaten mehr. Staatskonkurse sind nur Geschichte. Keine Urteile der Ratingagenturen mehr, sie erhalten keine Aufträge mehr für ihre geschwollenen Vermerke, diese sind heute ohne jegliche Verantwortung. Haben Sie schon Ratingberichte in Auftrag gegeben, auch gelesen?

B: Zweimal Ja.

P: Und?

B: Besinnungsaufsätze hieß früher das Fach in der Schule.

P: Erstaunlich, wir stimmen endlich einmal überein. Die teuren Besinnungslitaneien der Ratingagenturen sind auch Vergangenheit. Wird viel Geld gespart.
Keine Wirtschaftsprüfung mehr für Companies und Staaten.
Keine monatelange Lahmlegung der Betriebe durch die Prüfer.

B: Glauben oder wissen Sie das, was Sie da aufzählen? Eher geht doch die Welt unter, bevor Wirtschaftsprüfer und ihre Ratingbrüder, beide Wall-Street-getrimmt nur 'nen Zipfel von ihrem Geschäft abgeben. Nie. Glauben Sie wirklich an Ihre Worte, Ihre Prognosen?

P: Wäre doch schön. Deshalb fahre ich fort. Keine Taxonomie, da meine Zentralbank jeden Kreditantrag auf sustainability, Nachhaltigkeit sagt ihr, überprüft. Negatives Ergebnis erfährt der Bürger dadurch, dass er nichts auf sein Konto bekommt. Ohne Begründung, Widerspruch ist verboten, technisch nicht möglich. Erspart viel Bürokratie, Papier, eben nachhaltig.

B: Ihre Aufzählung habe ich nicht unterbrochen. Diesmal doch: Was ist Taxonomie?

P: Ampelsystem. Wenn auf einer Weißwürstepackung ein grüner Punkt draufklebt, dürfen Sie das Zeug essen. Mit einem gelben auch, müssen aber Ihre Krankenversicherung informieren. Bei einem roten Hände weg, Gefängnis droht.

B: Wer macht so etwas? Wer hat so etwas erfunden?

P: Die Unionskommission auf Anforderung der Wirtschaftsprüfer, ein riesiges Geschäft für die in aller Zukunft.
Es geht weiter in der Aufzählung, im nachhaltigen Bürokratieabbau. Nur eine Zentralbank. Ihre Bundesbank kann Groß-Kita, Riesenkindergarten werden. Keine Banken mehr, bei Ihnen auch keine Sparkassen mehr, diese störrischen Dinger sind Sie los. Kredite auf Anforderung über Phone im Netz, Rückzahlung keine, Verzinsung keine, da seit längerem auf null gestellt, wie schon von mir gesagt. Nur noch eine Liquiditätsabrufsäule bei der, bei meiner Zentralbank. Nichts mehr mit Barzahlung, Bargeld, Schecks, Wechseln – oh Mittelalter, adieu! –, Bezahlsystemen. Alles läuft über Phone, wird bald bei allen implantiert, vereinfacht das Arbeiten kolossal, das im rechten oder linken Oberarm eingepflanzte Phone plus ewigem Netzanschluss zur zentralen Liquiditätsverrechnungssäule.

B: Bitte nicht so schnell. Herr Präsident, wie kann ich mir die Säule denn vorstellen?

P: Wie ein riesiges Mobiltelefon in heutiger, in zukünftiger Einrichtung, Smartphone hoch zehn.

B: In einer Säule?

P: Nein, nein, in einer Fabrik. Hinter meiner Zentralbank wird schon angebaut. Wissen Sie doch?

B: Nein, eine Fabrik?

P: Datenfabrik, Datenverarbeitung.
Weiter in der Aufzählung. Strittige Entscheidungen nur im Zentralbankrat, bei Unentschieden durch doppeltes Stimmrecht des Präsidenten erledigt.

Keine Erbhöfe, da alle Mitglieder im Zentralbankrat nur auf acht Jahre gewählt werden. Wiederholung ist ausgeschlossen. Nur für mich gibt es bald die Präsidentschaft auf Lebenszeit.

B: Das glauben Sie doch selbst nicht, was Sie erzählen.

P: Nicht glauben? Ich weiß es. Das wird endlich die neue Welt, von der die Menschheit träumt.

B: Neue Welt, neue Welt kenne ich. So hieß mein Bolzplatz, Schrebergarten daneben auch. 20 Jahre her.

P: Oh, vor mir liegt meine neue Welt. Ich sehe sie.

B: Bitte bleiben Sie hier, hauen Sie nicht ab.

P: Sie haben keine Vision.

B: Doch! Die einer gesicherten Zukunft für Deutschland. Deshalb, bevor Sie auf Ihre Fahrt in die neue Welt gehen, noch ein paar Fragen. Erlaubt?

P: Ich bin gnädig. Ich höre.

B: Warum braucht man noch eine Zentralbank?

P: Richtige Frage. Man braucht nur noch ein Verbuchungsinstitut.

B: In dem steht Ihre Liquiditätsabrufsäule.

P: Richtig. Ja, Zentralbank wird abgeschafft. Kein Geld, keine Scheckkarte, keine Kreditkarte, läuft alles über Personenidentitätskarte.

B: Sie schaffen Noten und Münzen ab.

P: Nicht sofort; ich werde sie bei Verschleiß nicht mehr erneuern.

B: Warum so zögerlich?

P: Ich, ich nehme die Menschen an die Hand, führe sie in die neue Welt. Das wird leichter gehen, wenn ich ihre Gewohnheiten nicht abrupt beende.

B: Raffiniert. Braucht man in Ihrer NW, Entschuldigung, in Ihrer neuen Welt noch Bundesregierung, Bundestag, Bundesrat?

P: Nein, mit der MMT nicht, in der NW ist allein der Bankrat wichtig.

B: Wie stelle ich mir das vor?

P: Sie, Sie Unternehmer wollen eine neue Produktionshalle bauen. Früher gingen Sie zur Bank, legten Kapital auf den Tisch, den Rest gab die Bank als Kredit mit Zinszahlungen und Tilgungs- raten.
Zukünftig schreiben Sie eine Mail mit Ihrer Identifikationsnum- mer an uns, tragen die Investitionssumme, den Zweck und den Link auf die Vertragsdokumentation beim Notar oder Gericht ein. Sie kriegen augenblicklich die Summe, die Sie für den Bau und die Innenausstattung bis zur Inbetriebnahme Ihrer Halle be- nötigen. Aus den folgenden Einnahmen buchen Sie die Summe in Raten zurück oder auch nicht, wenn Sie neues Geld benötigen.

B: An wen gehen die Zinsen?

P: Zinsen, noch einmal, gibt es nicht mehr. Deshalb haben wir sie seit Jahren abgeschafft. Daran ist das Volk schon gewöhnt. Klar?

B: Nicht so ganz. Sie haben mich durcheinandergeredet.

P: Gibt sich. Die meisten Menschen mit ihren Phones haben sich schon dran gewöhnt, manche den Sensor dafür implantiert wie so einen Herzschrittmacher, mit Dauerbatterie.

B: Wie komme ich jetzt plötzlich bloß wieder auf Hitlers Feder, nein Gottfried Feder und Adolf Hitler. Die beiden wollten doch auch so eine Art neue Welt, die Zinsknechtschaft brechen? Haben die vielleicht die MMT schon theoretisch, Theory passt ja nicht, wie Sie gesagt haben, sagen wir neutral geistig begründet?

P: Nein und ja. Einige der Elemente von MMT wurden vorausgedacht. Eine zentrale Staatseinrichtung für das Geldwesen, keine eigenständigen Banken mehr, Umschreibung der Staatsschulden in Schuldscheine, auch in Wechsel, alles nichts mehr als Papier, das benutzt werden musste im Wirtschaftsverkehr.

B: Hat das geklappt?

P: Hätte das geklappt? Schwer zu sagen. Ich wiederhole: Hitler nach März 1933 hat sich nicht darum gekümmert. Das habt ihr Deutschen, ihr Praktiker unter euch erledigt. Hätte das geklappt? Ich glaube, ich glaube, ich weiß das nicht. Hätte Hitler von der MMT gehört, hätte er sie annektiert und als Eigenes verkauft wie Feders Zinsknechtschaft. Aber gehandelt hat er wie im MMT-Lehrbuch. Und wenn die Zahlungsbilanz ihm
Stopp sagte, machte er Krieg. Ich wiederhole, seinen Raubzug nach Prag 1938.

B: Ein Zahlungsbilanzkrieg? Kaum zu glauben. Ist denn die Zahlungsbilanz eine Sperre für MMT?

P: Wieder ja, nein. Nein, wenn ich sie steuern kann. Nur die Leistungsbilanz stellt sich mir als einziges Hindernis in den Weg. Bisher gibt es nur ein Mittel gegen diese Blockade. Die Länder zusammenzuschnüren in eine Wirtschafts- und Währungsunion und den internen, früheren Leistungsaustausch zwischen den Ländern nicht mehr in einzelnen Staatsbilanzen zu erfassen, am besten in einem Staat, dann stören die früheren vielen Einzelgebilde nicht mehr.

B: Ist das nicht Augenwischerei? Geht das? Beispiele?

P: USA.

B: Ach, so, daher Ihr Ziel, die USE.

P: Nur so können die geschichtlich gewachsenen regionalen Eigenheiten und ihre Sprachen erhalten werden, Italienisch, Französisch, Spanisch.

B: Deutsch wird von der größten Gruppe gesprochen.

P: Englisch ist die Lingua franca. Deutsch kann ich nicht.

B: In Ihrer USE wird Großbritannien nicht dabei sein, dann darf doch in Ihrem Großstaat nicht mehr Englisch gesprochen werden. Das wäre staatsfeindlich.

P: Sie langweilen mich.

B: Oh, das steht mir fern. Ihre neue Welt darf nicht warten. Wenn die Zahlungsbilanz oder Ihre Leistungsbilanz die Knute ist, im eigenen Staat ordentlich zu wirtschaften, wären Ihre USE töricht, sie würden nur einen weiteren Schuldenschwall erlauben. Das machen uns die USA doch vor. Je größer das Gebilde, umso größer die Staatsschuld: USA, Volksrepublik China, Russland, Indien, Brasilien, um nur einige zu nennen.

P: Sie reden nicht wie ein Staatsmann, sondern wie ein Krämer. Gehen Sie bloß zurück in Ihre Fabrik zu Ihrer Chefin. Sie stören. Wie wollen Sie mit Ihrem biederen Kaufmannsgehabe Ihr kaputtes Deutschland führen? Sie haben viel mehr Schulden, als die Statistik aussagt.

B: Stimmt. Halber Staatshaushalt in Uralt-Modus, nicht bilanzierte Pensionslasten, falsche Abschreibungen, zerrüttete Straßen, lahme Bahnen, schlechte Schulen. Und wir sind Weltmeister.

P: Weltmeister? Im Fußball. Dafür kann man sich nichts kaufen.

B: Nicht im Fußball, in den Finanzschulden. Deutsche Konzerne führen die Finanzschuldenweltliga an. Das alles haben wir Deutschen uns eingebrockt, das müssen wir allein auslöffeln.

P: Mit mir wäre alles einfacher.
Sie haben behauptet, ich benutzte MMT. Natürlich benutze ich MMT. Erstens, ich wiederhole, ich will meine Pension ohne neue Bank-, Finanzkrisen oder dergleichen erreichen.
Zweitens, ich habe keine Chance, den Laden zusammenzuhalten. Wenn ich nichts täte, wäre die Union schon längst auseinandergeflogen, Ihr Land mit.
Mein Problem: Ich habe es mit Banausen wie Ihnen zu tun. Sie

erledige ich, wie zu sehen, intellektuell. Allein höchst problematisch sind die Schwadroneure, Großschwätzer in der Unionskommission, im Unionsparlament, im Gerichtshof, in den Apparaten, in den Lobbyistenhaufen, in den NGOs.

B: Bitte halt! Nicht so schnell. Was sind denn NGOs?

P: Wissen Sie nicht?

B: Nein, auch wenn ich nachdenke, nicht.

P: Non-Governmental Organizations, eben N.G.O. plus »s«.

B: Was ist das? Nichtregierendeeinrichtung?

P: Sie bringen mich zum Lachen. Nicht regierend. Die tun so, als ob sie mit Regierung und Parlament nichts zu tun haben. Die regeln alles, ohne Verantwortung, aber mit viel Geld, vor allem von anderen, die nicht gefragt werden. Bei euch heißen die Nichtregierungsorganisationen. Wirklich nie gehört, auch nicht in Ihrem Dorf am Rhein?

B: Nein. Muss ich mich jetzt auf die einstellen?

P: Wenn Sie von den nicht gejagt und in Medien plus Netzen nicht erledigt werden wollen, müssen Sie viel Geld lockermachen für viele Staatsaufträge an die NGOs.

B: Gibt es von denen viele? Auch in Berlin?

P: Sind Sie naiv oder spielen Sie mir etwas vor? Tausende und immer mehr. Berlin ist ein ganz heißes Pflaster für Neugründungen.

B: Ausnahmsweise bin ich still. Danke, ich habe gelernt.

P: Das Schlimmste sind die Think-Tanks. Nie erkennbar, wer bezahlt, immer mit klangvollen Namen, auf Hochglanzpapier.

B: Denk-Fabriken auf Deutsch.

P: Denk-Was? Nein. Lobby-Ballrooms. Da wird nur getanzt und geblödelt. Müssen Sie doch wissen. Sie waren mit Sicherheit in einer Tanzschule?

B: Ja, in einer Löwenburg.

P: Wie? Löwenburg? In Düsseldorf?

B: Hieß so.

P: Wie war das?

B: Waren Sie in keiner?

P: Das wissen Sie doch. Im Internat war Männerherrschaft. Wer von uns tanzte, musste die Nacht im Stehen schlafen. Ohne Pyjamahose. So wurde die Sünde geheilt.

B: Tanzen ist doch keine Sünde. Tanzstunden waren Abenteuer. Seitdem weiß ich, dass Mädchen viel größere Füße als Jungen haben.

P: Wie das?

B: Wenn man drauftrat, passierte mir laufend, kreischten sie.

P: Um das Erlebnis beneide ich Sie.

B: Lobby-Ballrooms wichtig?

P: Unwichtig. Eitelkeiten.

B: Kriegen die Denkpanzer, Think-Tanks, Aufträge von Ihnen?

P: Natürlich. Müssen mindestens 40 Leute haben, davon mindestens zehn mit Dauerpräsenz in den Medien und Netzen, mindestens in vier Sprachen publizieren.

B: Weitere Anforderungen?

P: Jeder Bericht hat mindestens 60 Seiten plus langer Literaturliste und muss in mindestens zehn staatstragenden Zeitungen abgedruckt werden.

B: Lesen Sie die Berichte?

P: I wo!

B: Ihre Leute in der Zentralbank?

P: Zählen Seiten und Abdrucke nach. Ansonsten Befehl: Nicht lesen, nicht aufbewahren, schreddern!

B: Warum dann die Ausgaben?

P: Die Think-Tanks und die Non-Governmentals im Griff zu behalten, die Medien zu manipulieren, um dem Volk seine Meinung einzuklopfen.

B: Das ist doch keine Volksmeinung.

P: Richtig. Aber viel, viel billiger, als wenn die Zentralbank Public Relations selber betreiben würde. Die Think-Tanker unterstützen uns immer freudig erregt und produzieren eine Studie nach der anderen.

B: Und Sie können befriedigt zur Kenntnis nehmen, dass neutrale Denker Ihre Diktatur, Ihre Monetärdiktatur unterstützen. Das Volk muss doch glauben, dass Denkfabriken in Brüssel …

P: Und in Berlin.

B: … etwas Neutrales, über der Tagespolitik Stehendes sind.

P: Erkannt, erkannt. Ehrlich gesagt: Ja. Und: Es wird noch besser. Die Denker sind natürlich auch in allen Talk-Shows vertreten, kosten nix. Darüber werden sie noch bekannter und ihre Studien teurer. Sie sind die Fachleute für Geld, für Konjunktur, für Zentralbanken und reden über mich. Immer vertraulich, immer in meinem Namen – im Fernsehen und streng vertraulich. Eigentlich zum Wiehern, tatsächlich aber pure Kommunikation für mich, ohne dass ich etwas zu sagen brauche, ich brauche nicht einmal nachzudenken. Das Volk wird hin- und hergerissen, glaubt den Fachleuten mit ihren Professorentiteln und ihrem Professorengehabe. Wenn ich dann einmal auftrete …

B: Selten, selten.

P: … das ist gewollt, genau geplant, wird mir geglaubt vom Volk. Und die Märkte fressen mir noch mehr aus der Hand, weil das Volk hinter mir steht. Wunderbar, diese indirekte Kommunikation. So etwas brauchen die Händler, haben etwas zum Quatschen, können ihren Kollegen überm Teich und in Fernost imponieren. Das bringt Geschäft.

B: Ich kann, darf es nicht glauben.

P: Nicht glauben? Dass ich nicht lache. In dem Augenblick, als Sie von Ihrer Fabrikbank in Düsseldorf nach Berlin in das Reichstagsaquarium wechselten und dann schnellstens zum Bundeskanzler avancierten, haben Sie sich für meinen Weg entschieden. Zugute halte ich Ihnen, dass Sie das vielleicht nicht wussten, aber er ist der einzig erfolgreiche.
Darf ich noch einmal mit Ihrer von mir hochverehrten Vorgängerin kommen? Sie sagen nichts, also stimmen Sie zu. Sie ist die absolute Meisterin der indirekten Kommunikation, das bedeutet indirekte politische Führung. Kennen Sie von ihr einen eigenen politischen Gedanken? Plan? Aufsatz? Sie war, sie ist nicht zu fassen. Der Vorwurf, sie sei ein eingeseifter Zitronenkern, geht völlig fehl. Sie hat die Denker, selbsternannten Meinungsführer, Quasselfritzen in den Medien plus Netzen, Lobbyführer in Berlin und Brüssel, auch in New York, London, Peking machen lassen. Zustimmung wurde über kleine Karten signalisiert. Gegen deren Kopiererei ist sie nie eingeschritten. Wer keine bekam, lauerte auf den kleinen Umschlag. Und dann ging bei ihm auch die Kopiererei los. Endlich gehörte man zum Kreis der Eingeweihten, der Politikberater, der Politikmacher. Meisterhaft, meisterhaft.
Was habe ich von dieser Frau gelernt. Und ihre Politik war immer erfolgreich. Hätte ich sie noch an Deutschlands Spitze, dann könnten wir endlich die USE schaffen. Das fehlte ihr. Das habe ich vor zwei Jahren bei einem Blickkontakt mit ihr in Paris bei einem Präsidentenessen gespürt, nein, nicht allein gespürt, sondern gesehen.

B: Und dann haben Sie auch ein kleines Kärtchen erhalten?

P: I wo. Der Blick reichte mir aus, so voller zustimmender Aussage.

B: Bevor Ihnen die Tränen kommen, zwei Bemerkungen: Ich schreibe keine Kärtchen, so klein kann ich nicht schreiben. Und ich möchte mit Ihnen wieder ins Heute und Morgen zurück. Mit Ihrer Erinnerung an meine von Ihnen hochverehrte Vorgängerin hatten Sie mich unterbrochen, weil ich feststellte, ich dürfe, könne das, was Sie mir vorher dargelegt hatten, nicht glauben. Danach wollte ich ansprechen, dass immer noch Ihre Zentralbank bleibt. In den Bankorganen, in den Bankgremien haben Sie viele Fachdamen und Fachherren, keine Schwadroneure, keine, die nur schwätzen.

Präsident schubst das Haifischbecken.
Pippi Langstrumpf für MMT

P: Wollen Sie mich auf den Arm nehmen? Wo leben Sie denn?
Auch wenn Sie neu in Ihrem Job sind, müssen Sie doch wissen,
wie Organe, Gremien in der Politik funktionieren. Das sind Hai-
fischbecken. Nur wer sich ständig laut äußert, Schlagzeilen pro-
duziert, bleibt oben, wird von den anderen im Becken in Ruhe
gelassen.
Zu Ihrer wirklich naiven Frage: In den Gremien, Organen meiner
Zentralbank sitzen nur verdiente, überzählige Politiker. Jeder hat
nur eine Aufgabe, viel Geld für das eigene Land herauszuschinden
und, noch wichtiger, für sich eine auf ewig garantierte, hohe, un-
kündbare Pension, einbezogen die verehrte Gattin bis zu beider
Lebensende inklusive Beerdigungsaufwand, zu ergattern.
Ihr Land hat zwei davon. Der eine läuft immer indigniert herum,
erzählt etwas von seiner Unabhängigkeit und telefoniert während
der Sitzungen pausenlos mit Berlin. Den müssen Sie doch auch
kennen.

B: War noch nicht oft im Büro, nee, nicht Büro! Kanzleramt. Hurra!
Zunächst wollte ich mit Ihnen sprechen.

P: Bin gerührt. Die zweite deutsche Position gehört immer einer
Dame. Seit einiger Zeit ist es eine Narrateurin.

B: Märchenerzählerin?

P: Gut aufgepasst. Weiß nicht, wie praktisch Bilanzen gemacht ...

B: Gefälscht.

P: … haben Sie gesagt, werden.

B: Bemerkt keiner was zur MMT und zu deren Anwendung durch Sie?

P: Nie. Sie wissen nichts. Weil sie nichts wissen, reden sie vollmundig darüber. Wenn ich der Pippi Langstrumpf im Rat sagen würde, sie dürfe der reiferen Jugend als ihr neuestes Abenteuer MMT erzählen, das nun Ordnung in allem herstelle, wissen Sie, was dann passieren wird? Dann wird die Villa Kunterbunt auf die Bühne gestellt und Pippi wird locker vom Hocker in allen Talkshows rauf und runter erzählen, was Herr Nilsson, ihr Affe, und sie mit MMT Tolles anstellen.
Als Erstes werden die Nichtskönner, von denen ich eben geredet habe, auf Pippis Ememtechen hüpfen, und Ihr Volk, das deutsche, wird alles glauben. Dann braucht sie nicht zu schreien: »Ich werde Seeräuber, wenn ich groß bin!« Ememtechen ist dann Pippi Langstrumpf hoch hundert.

B: Lesen Sie Pippi auch noch heute?

P: Ja, Astrid Lindgren hat mich gegen die grabbelnden Männerhände im Internat geschützt. Habe ganz viele Bücher von ihr im Büro. Wenn ich die Schwätzer um mich herum oder in Brüssel-Straßburg nicht mehr aushalten kann, erhole ich mich beim Langstrumpf. Machen Sie so etwas auch?

B: Ja, Friedrich Engels. Danach weiß ich, das Gegenteil von dem, was er gemeint hat, ist richtig, und mache weiter.

P: Typisch deutsch, bloß keine Zeit mit Geschichten aus der Kindheit verlieren, nur immer ernst sein. Und dann noch Engels plus Karl Marx!

B: Damit müssen wir leben.

P: Also wieder ernst, im Ernst:
Die Würdenträger im Zentralbankrat, in der Unionskommission, in dem Unionsparlament sind alle nett, erscheinen regelmäßig zu ihren Sitzungen, freuen sich auf ihre Pension, aber ein Zusammenspiel zwischen ihrem Walten und meinem selbstlosen Einsatz für die MMT-Anwendung findet nicht statt. Ein solches Querdenken würde ihre Selbstüberzeugung stören. Und sie müssten zugeben, dass sie die Theory nicht verstehen. Überhaupt, bei einem solchen Wort setzt das Denken aus. Trotzdem: Die Würdenträger jubilieren, weil die Liquidität sprudelt, über Schulden nicht gesprochen wird, alle politischen Absichten und Pläne geräuschlos realisiert werden.

B: In Zeitungen gelesen habe ich, dass Sie in den Ratssitzungen nichts sagen würden.

P: Na, Guten Tag und Auf Wiedersehen wünsche ich schon noch. Den Rest der Unterhaltung, nein, Beratung betreiben die Herrschaften unter sich. Jeder redet, keiner hört dem anderen zu. Ich bewundere den Protokollanten und die Pressesprecherin. Ihrer beider Sitzungskommuniqués sind Spitzenliteratur.
Sie glauben mir nicht. Ich sehe es Ihnen an.

B: Ihnen nicht glauben? Dem Wall-Street-Banker nicht? Mit allen Produkten des Investment-Banking vertraut? Dem langjährigen Zentralbanker nicht? Mit allen Durchhaltefinanzierungen fauler, kaputter Staaten und ihren Firmen vertraut, mit Staatspleiten, mit Geldmachen, mit Geldproduzieren in jeder Form? Sie sind für mich ein Weltmonetärpolitiker, nein, der führende Weltmonetärchef, der alle Gleichgesinnten kennt, per Du mit ihnen ist, der mit allen Staatsführern Termine macht, die er bestimmt, nicht die Staatsführer. Und dem soll ich nicht zutrauen, die Weltmonetärdiktatur so zu erreichen, dass die Leute nur an eine neue Mode in den Finanznetzen, in den Fernsehbörsen, in den Magazinen, an das zweite Tausend-und-eine-Märchen glauben, während alle Staatslenker und deren Räte mit faulen Staatsfinanzierungen und mit kaputten Krediten für Sie beten, dass Sie ganz lange leben und wirken mögen? Ich nehme Sie verdammt ernst, glaube Ihnen aufs Wort, dieses schon seit langem. Meine Frau …

P: Ihre Chefin ...

B: Lassen Sie das Spielchen, es nutzt sich ab. Im Gegensatz zu Ihnen haften wir beide zusammen mit allem, was wir haben, für unsere Arbeit.

P: Ihr Argument nutzt sich auch ab.

B: Nein, das kann Ihnen nicht oft genug gesagt werden. Sie können sich persönliche Haftung, Sie können sich Haftung mit dem ganzen erarbeiteten Vermögen nicht vorstellen. Sie sind ein fremdfinanzierter Bürokrat mit staatlich abgesicherter Pensionsberechtigung. Die schlaflosen Nächte eines Unternehmers, wenn große Zahlungen ausfallen, aber die Mitarbeiter ihr Geld brauchen, kennen Sie nur aus Büchern, wenn überhaupt. Das zu Ihrer Unterbrechung. Deshalb beobachten, das hatte ich angefangen zu sagen, meine Frau und ich Sie schon sehr lange. Deshalb machen wir keine Bilanzierung, wie Ihre Wall-Street-Freunde diese, allein auf Zukunftsplanungen, auf Erträge mit Ihrer Geldschwemme und auf Beratergefasel abgestützt, durchgesetzt haben.

P: Was meinen Sie? Ich verstehe nichts.

B: Goodwillbilanzierung mit extremer Gewinnausschüttung statt Gläubigerschutz, statt Zukunftsvorsorge über hidden reserves, wie es bei Ihnen heißt, bei uns plastisch stille Reserven, die Kraftreserven einer gesunden Firma. Gibt es nicht bei Goodwill-Ausschüttung.

P: Aber, aber, mit dem Goodwill erfassen wir das Zukunftspotential. Das ist doch allein für den Aktionär wichtig.

B: Sie hätten ruhig Spekulanten sagen können, die auf Ihre Geldschwemme und ewige Zinsabschaffung setzen, um mit kostenlosem Kredit Companies zu kaufen – was sie machen, ist egal. Das ist unredlich. Eine Bilanzierung, die kriminelles Wirtschaften ermöglicht. Mafia-Bilanzierung.

P: Oh Herre! Was habe ich angestellt, mir das anzuhören.

B: Wir haben viel Eigenkapital im Konzern und noch höhere Reserven. Nur so kann man Zukunftsarbeiten finanzieren, auch große Rückschläge überbrücken. Wir wissen, was Sparen heißt. Jeder Sparer, jeder deutsche Sparer steht mir näher als Sie, auch wenn Sie sich als Ewigkeitsbewahrer der Unionswährung sehen.

P: Ui! Ui! Da haben Sie mir aber die Teutonenklatsche gegeben. Ui! Mafia-Bilanzierung! Goodwill ist solide, schützt den Aktionär. Angeordnet von den USA, alle haben mitgemacht, von London bis Peking und zurück. Nur die Romantiker hängen an stillen

Reserven. Allein schon diese Sprache? Reserven, die stillen. Ich wiederhole nur: Romantiker.

B: Man kann über Rechtssysteme mit Bilanzierungsvorschriften Weltherrschaft zementieren. Das Recht der Römer oder von Napoleon gilt noch heute. Solange China und Russland bilanzieren, wie die USA vorschreiben, werden beide von Washington D.C. geführt.
Ihren Goodwill halte ich nur für eine Dauersubvention der Unternehmensberater und Wirtschaftsprüfer unter Anleitung der US-Regierung. Unsolide, Taschenspielerei. Allein der Gläubigerschutz sichert Kreditgeber und Unternehmen. Da bin ich gerne Romantiker. Sie aber wollen den Kredit allein in Ihre Hand bekommen, dafür brauchen Sie den Goodwill-Schwindel.

P: Was Sie erzählen, ist aus der Luft gegriffen. Mache ich nicht mit, will ich nicht hören. Die USA sind Führer des modernen Unternehmertums. Deren Bilanzierung stützt dieses. Das mache ich mit, fördere ich, nicht doch Ihre Hidden-reserves-Love. Deshalb führe ich die Union als Fortsetzung der USA zur USE. Meinen Plan kriegen Sie nicht kaputt.

B: Sie machen die Rechnung ohne den Wirt. Über seine Bilanzierung entscheidet Deutschland alleine. In Zukunft gilt bei uns nur noch der Gläubigerschutz. Gerne bin ich Romantiker. Als Ihre amerikanischen Freunde ihren Staat ausbildeten, hatten wir schon ein Rechts- und Bilanzierungssystem mit Gläubigerschutz, stillen Reserven, Zinsbe- und Zinserwirtschaftung. Zinsen, Herr Präsident, nicht verlernen!

P: Wie bitte, die Romantiker konnten bilanzieren?

B: 1794, Preußisches Allgemeines Landrecht.

P: Mir kommen schon wieder die Tränen. Was soll das heißen?

B: Nehmen Sie zur Kenntnis, dass ich verhindern werde, Deutschland unter Ihre weltmonetäre Herrschaft zu stellen.

P: Zu stellen, wie das klingt. Sie dichten mir was an. Offizielle Weltmonetärführung. Auf Lebenszeit. Sie basteln sich ein Märchen.

B: Von Ihnen habe ich die MMT als Grundlage erfahren, von der aus die Zentralbank die Führung für die Finanzpolitik, Wirtschaftspolitik und Arbeitsmarktpolitik der ganzen Union an sich gezogen hat.
Ihre Leistung, Ihr Modell. Daraus entwickeln Sie einen Apparat, in dem alle wichtigen Zentralbanken der Welt vertreten sind. Wechselnde Führung, Sie haben schon begonnen. Zentrale Schuldenführung. Weltregulierungssystem des Basel-Regimes wird kopiert.
Als Erstes werden von Ihnen alle Schulden in einem Konto zusammengefasst. Im folgenden Schritt sind alle Staaten wieder schuldenfrei. Dann können die endlich wieder losfinanzieren. Im dritten Schritt entscheidet Ihre WMD …

P: WMD?

B: Weltmonetärdiktatur.

P: Geht es nicht netter?

B: Club of New York.

P: Wieso New York?

B: Wie im Basel-Regime werden die USA führen.

P: Und ich?

B: Sie werden der erste Vorsitzende des WMD.

P: Zu gütig.

B: Dann kann ich fortfahren. Im dritten Schritt wird entschieden, welche Schulden zerrissen werden, welche auf den Büchern bleiben. Herrscher der Bücher sind Sie und Ihr WMD-Rat. Sie machen die Vorschläge, damit haben Sie die Macht.

P: Sie, Sie spinnen!

B: Nein, ich nehme Sie ernst, ich glaube Ihnen. Bevor Sie immer dichter an Ihr Ziel herankommen, werde ich Deutschland mit der neuen Bundesregierung und dem Bundestag aus Ihrem Spiel herausnehmen.

P: Tun Sie, was Sie nicht lassen wollen. Meine MMT, meine Zentralbankpolitik wird über Ihren Kopf hinwegrollen. Ich muss Luft holen. So was, was Sie mir eben gesagt haben, hat mir noch keiner gesagt.

B: Nicht gesagt oder sich nicht getraut, Ihnen zu sagen.

P: Sie sind noch sehr jung.

B: 53.

P: Sage ich, sehr jung, deshalb: Ich will nachsichtig sein. Sie haben MMT nicht verstanden, also noch einmal.

B: Wirklich aufmerksam, dass Sie sich noch persönlich strapazieren wollen.

P: Haben Sie überhaupt begriffen, was der Kern von MMT ist? Nach Ihrem Weltmonetärgerede ganz sicher nicht.
Vielleicht schaffen Sie es endlich, mich nicht dauernd zu unterbrechen.
Geld wird nur bei der Kreditvergabe durch Banken geschaffen, gemacht.
Capito? Capito?
Das ist das, was Keynes, ohne ihn geht es nun mal nicht, als doctrine fixiert hat, dass Geld allein eine Staatssache, eine Staatsschöpfung sei. Damit hat er eurem Knapp, Georg Friedrich, der hat das kurz nach 1900 herausgefunden, ein unumstößliches Denkmal gesetzt.
Unterbrechen Sie mich nicht, ich weiß sowieso, was Sie sagen wollen. Knapp – Feder – Hitler. Das können Sie später aufsagen, wenn Sie wollen. Ich nicht.
Für Sie bleibt der Dynamikgrundsatz: Ohne Kreditvergabe kein Geld, kein neues Geld, kein Wachstum, kein Wohlstand, kein heutiges modernes Leben.

B: Ist das ein neuer Grundsatz?

P: Zu meinem Gelddynamikgrundsatz hat mich die Elektrizitätsdynamik angeregt. Seit 170/180 Jahren treibt sie uns an, besiegt die Armut, macht uns immer reicher, wohlhabender, hat auch die Gelddynamik angestoßen, mit der Elektronik. Seit den 1960ern ist diese eigenständig in immer neuen Formen, täglichen Überraschungen, weltweiter Verfügbarkeit, weg vom Schmutz der Geldscheine, Münzen. Den Zusammenhang zwischen Elektrizitäts- und zukünftiger Gelddynamik werde ich in meiner nächsten Rede zentral anbringen.

B: In London?

P: Wo denn sonst?

B: Warum nicht in Frankfurt? Am Main?

P: Ich, ich sage nur F r e ß g a s s , Fressgasse!

B: Da sagen Sie was.
Werden Sie etwas zur Elektronik im Geldwesen sagen?

P: Zuhören! Habe ich eben erzählt. Die Elektronik ist seit langem schon einer der Träger der Elektrizitätsdynamik.

B: Danke, habe ich nicht richtig nachgedacht.

P: Nun weiter: Die Elektrizitätsdynamik macht immer schnelleres Geld durch die Zentralbank in immer größeren Mengen möglich, das in Sekunden. So können eben auch die Zentralbanken allen Finanzinstituten für ihr Kreditgeschäft die ständige, Tag und Nacht abrufbare Refinanzierung jeder Größenordnung in Sekunden überweisen.
Vor uns sehe ich eine glückliche Zukunft.

B: Neue Welt.

P: Ja, ja, die neue Welt.

An alle draußen.
Es gibt keine Grenzen für die Refinanzierung. Meine Bank finanziert jeden Kredit von kurz bis lang. Bankleute, beeilt euch, bringt eure Kredite zu mir. Ich möchte meinen Überfluss, das Geld, noch unter euch verteilen, solange ich das kann.

B: Noch zwei Jahre.

P: Ja, ja, zwei Jahre. Kommt jetzt, kommt jetzt.

B: Darf ich auch etwas sagen?

P: Können Sie nach meiner Rede noch sprechen? Sie erschüttern mich. Weggehen müssten Sie, sich klein machen. Nichts sagen. Ihrem Staatsamt entsagen. Nach Hause fahren, Kredite nehmen, damit ich Geld machen kann, ich, ja, ich.

B: Sie haben mich richtig angetörnt. Trotzdem bleibe ich hier in dieser Welt. Nur mit Staatsschulden?

P: Ja und nein, nein und ja.
Einfach ist es mit Staatsschulden, mit Krediten der Banken an den Staat. Erstes Geldmachen. Wenn wir den Banken die Staatsschulden abkaufen, neuer Kreditvorgang, zweites Geldmachen. Damit sind die Banken aus dem Schneider, weil wir ihre Forderungen gegen den Staat abgebaut haben.

B: Dann können die Banken neue Kredite an die öffentliche Hand geben.

P: Sie haben es kapiert.

B: Und Kredite an Unternehmen?

P: Erster Schritt ist wie bei Staatskrediten gleich. Wenn wir den Banken die Kredite abkaufen, kaufen wir Risiken ein, die wir beim Staat nicht haben.
Jetzt kommt dieser, ich kann es nicht anders sagen, einfältige Bankenaufseherchor in Basel wieder ins Spiel. Staatskredite sehen die bei ihren Chorproben als völlig risikoarm an. Für uns einfaches Spiel. Wir kaufen alle Staatskredite, die wir kriegen können. Unternehmenskredite sieht der Ein-Stimmen-Chor zu Basel als risikoreich an. Ist das Unternehmen kein Risiko, kostet das die Banken immer noch 20 % Eigenkapital; ist das Risiko hoch, kann es 100 % Kapital kosten. Was würden Sie als Bankmensch tun, wenn Sie Unternehmenskredite an uns wegdrücken können?

B: Als Erstes die faulen Kredite mit hoher Kapitalbindung.

P: So rational verhalten sich die Bankleute und dienen uns ihre kaputten Fälle an. Deshalb versuchen wir, sie auszutricksen. Lieber nehmen wir Staatskredite.

B: Viele von denen sind doch auch schlecht bis faul.

P: Macht nichts. Die Basler Aufseher sagen einstimmig in ihrem Chor, Staaten gehen nicht unter. Mit diesem Freisiegel kaufen wir alles an, was zu kriegen ist. Und machen Geld, Geld, Liquidität, Liquidität. Aus dem Nichts, aus dem Nichts.

B: Kann ich auch Geld machen?

P: Ja, aber nur theoretisch. Ihr Geld muss angenommen werden.

B: Wer will es verhindern?

P: Wir, ich. Das ist unser, mein Geschäft allein. Unser Monopol, meine Macht. Ich werde es nicht zulassen. Deutschland auch nicht.

B: Das könnte ich schon ändern.

P: Wir finden schon was bei Ihnen, in Folge wird keine Bank mehr mit Ihnen, mit Ihrer Frau, mit Ihrem Konzern arbeiten. Dafür habe ich die Bankaufsicht in die Zentralbank geholt, an mich gezogen, lange vorgeplant. Ich lasse mir nicht in mein Geschäft hineinreden, hineinpfuschen. Auch nicht, falls Sie wider Erwarten doch einige Wochen Bundeskanzler bleiben sollten.

B: Warten wir es ab. Bis jetzt haben Sie mich nicht überzeugt.

P: Das ist doch keine Frage der Überzeugung. Das ist die Frage von Macht, Staatsmacht, ob Staaten verschwinden, vegetieren oder blühen.
Wer das Sagen über das Geld hat, hat Macht.

Die Deutschen mir ihrem Fimmel einer unabhängigen Bundesbank habe ich nie verstanden. Ich hätte das anders gemacht.

B: Ich lausche und lerne.

P: Gleich nachdem die Amerikaner aus Deutschland abgezogen waren ...

B: Da ich ahne, was kommt: Und die Briten; den USA und Großbritannien haben wir die unabhängige Bundesbank und ihre Organisation zu verdanken.

P: ... Sie wiederholen sich, hätte ich, wäre ich Bundeskanzler gewesen, die Bundesbank ins Kanzleramt gezogen und dann Geldpolitik mit meinen Zielen betrieben.

B: Sagt Ihnen Herr Dr. Konrad Adenauer etwas?

P: Ja, war Bundeskanzler bei Ihnen, erster nach dem Krieg. Richtig?

B: Der hat es versucht. Keine Chance.

P: War zu gutherzig. Ich hätte es geschafft.
Pause für Sie. Denn ich werde Sie verblüffen. Denn nun mache ich eine Kehrtwendung.

Geld im Überfluß. In Zukunft nur noch Schulden. Präsident nimmt Bundeskanzler gefangen. Frankfurts Feuerwehr rettet ihn

Heute bin ich froh, dass meine Zentralbank unabhängig wie eure Bundesbank ist. Mir kann kein Staat etwas sagen. Auch Sie können mir nicht aufm Kopf herumtanzen.

B: Erneut, warten wir es ab.

P: Die Zentralbank gehört zwischen die Staaten, um direkt in deren Geldverkehr einzugreifen. Deren Kommandozentrale steht darüber, um unabhängig von den staatlichen Querelen zu entscheiden. Deutsches Erbe gutes Erbe. Das muss Sie doch freuen. Ihre Stille bedeutet für mich Zustimmung. Aus allem folgt, das Geldmachen steht allein mir, uns zu. Das Aufpassen darüber, dass alles funktioniert, auch. Mit der Bankaufsicht habe ich den Anfang gemacht. Die alleinige Ernennung des Bankrates wird folgen. Dann ist endlich das Geldmachen allein in meiner Zuständigkeit. Und dann, und dann wird das Finanzwesen ohne Krisen funktionieren auf ewig.

B: Geld- oder Finanzwesen.

P: Geld- und Finanzwesen. Das gehört zusammen. Die künstliche Trennung aus den Köpfen der selbst ernannten Ordnungspolitiker kommt in den Papierkorb. Die Finanzminister haben ausgedient. Ein Beamter sagt uns durch, wie viel Geld Deutschland und wann im Jahr zu seinen Steuereinnahmen zusätzlich braucht, kriegt es postwendend auf das Konto des zukünftigen Bundesministeriums für das Geld- und Finanzwesen gutgeschrieben.

B: Sie wissen genau Bescheid.

P: Alles durchdacht, alles vorausgeplant. Je mehr Staatsschulden es geben wird, umso mehr Geld schaffe ich, wir. Wir kaufen den Banken alle ihre Kredite ab. Das bedeutet Liquidität im Überfluss, Wachstum der Wirtschaft und der Sozialbereiche ohne Inflation. Keine Deflation. Kein Geldmangel. Nie mehr Rezession oder gar Depression. Die schlimmste Vorstellung für mich auf meinem Nachtlager. Staaten, Union, UNO, was es noch gibt? Alle können sich verschulden, wie sie wollen.

B: Aber Tilgung, Rückzahlung – was ist mit den vielen Sparern? Mit den soliden Kreditnehmern?

P: Sind sie wichtig für die Zukunft? Mein System braucht sie nicht. Die Sparer schaffen nicht die Liquidität, die mein Geldmachen geradezu automatisch schafft.
Ich glaube …

B: Sie glauben, oder wissen Sie?

P: Ich glaube und weiß, dass Sparen dumm ist. Sparen steht nur auf dem Papier, als Kunstwerk in der Bilanz. Geld ist es nicht. Erst wenn das Sparbuch in einen Kredit gedreht wird, entsteht was Sinnvolles. Neues Geld. Wenn eure Leute viel sparen, treiben sie die Deflation, Geißel der Menschheit. Nur Inflation bringt uns weiter.

B: Neue Theorie?

P: Erfahrung.

B: Nur Sicht des Präsidenten?

P: Nein, allgemein.

B: In Ihrem Club der Zentralbanker? In Washington, London, Tokio?

P: Natürlich. Sie haben Moskau, Peking, Paris, Rom, Madrid, Athen, Ankara, Dublin, Brüssel vergessen.

B: Haben Sie nicht weitere Mitglieder im Club vergessen? Rio de Janeiro, Buenos Aires? Oh, nicht zu übersehen Luxemburg.

P: Sind sie gemein. Aber Spaß muss sein. Ja, ja, ich habe auch noch einige, da brauche ich nicht groß nachzudenken.

B: Alle Ihre Orte sind Zentren der Schuldenmacher wie Sie, Chef der Unionsbank. Verantwortliche Regierungen aber haben Sie vergessen: Wien, Bratislava, Prag, Warschau, Budapest, Kopenhagen, Stockholm, Helsinki vor allem, um einige zu nennen. Mit denen verbindet mich, dass Ihr Geldmach- Schuldentreiber-Kreislauf ein teuflischer ist.

P: Deutsche Bundesregierung, Deutscher Bundestag, Deutsche Bundesbank gehören nicht zu Ihren sogenannten Verantwortlichen. Oder?

B: Wird sich ändern.

P: Nein, nein, sollte meine ganze Mühe mit Ihnen umsonst sein? Fallen Sie nicht wieder in Ihre Romantik zurück. Ich wette, dass Sie mich jetzt auch noch fragen werden, wie, wann die Schulden zurückgezahlt werden.

B: Wette gewonnen.

P: Niemals, niemals. Ein revolvierendes System dank unserer Planung. Das müssen Sie doch endlich begreifen. Noch einmal, von einem anderen Anfang her, leichter für Sie zu verstehen.
Die Menschheit wächst. Alle Menschen möchten gut leben. Ich ermögliche es. Ich gebe den Menschen genug Geld. Keine Deflation. Keine Inflation. Alle können arbeiten, keiner leidet Not. Was ich allein brauche, sind Schulden. Ich kaufe sie auf, mache daraus neues Geld, immer wieder. Staatsschulden sind dafür ideal. Sie werden gerne von den Banken finanziert. Der Chor in Basel hat doch sein Gutes. Ich kann große Packen aufkaufen, keine kleinen Sachen, keine Betrugsgeschäfte wie diese Verbriefungsmonster von der Wall Street.

B: Wie werden Kredite bezahlt?

P: Niemals. Ich führte schon aus: revolvierendes System.

B: Wie viele Kunden haben Sie? Staaten und Banken. Auch aus Deutschland?

P: Alle.

B: Sparkassen, Genossenschaftsbanken?

P: Sparkassen, Geno-Banken, Bundesfinanzagentur oder wie sie heißt, Länder, Bayern, Hessen, selbst Berlin – aber kräftig, auch Kommunen. Ihr Düsseldorf ist auch dabei. An das Rheinstädtchen erinnere ich mich immer, wenn ich eine Altbierreklame aufm Frankfurter Flughafen sehe. Haben Sie mal Altbier getrunken? Nie, nie wieder.

B: Alle zufrieden?

P: Kann ich nur für die Staaten beurteilen. Ja – nein. Ja: FIBSIRP, nein: DÖNFiBAL. Von LUXSLOW2 weiß ich nichts.

B: Rätsel, Rätselraten.

P: Ja: Frankreich, Italien, Belgien, Spanien, Irland, Portugal. Nein: Bei euch gibt es noch etwas Widerstand, aber wird immer weniger; Österreich, Niederlande, Finnland und das Baltikum. Weiß nicht: Luxemburg, Slowakei, Slowenien.

B: Griechenland, Malta, Zypern?

P: Ach ja, die Inselchen.

B: Griechenland.

P: Lebt von mir, nicht mehr eigenständig.

B: Wie läuft das Geschäft?

P: Mit FIBSIRP schon gut.

B: Was heißt so etwas beim Präsidenten der zweitwichtigsten Bank auf dem Globus?

P: Großteil der Staatsanleihen bei mir, Geschäftsaussichten sehr positiv.
Mit DÖNFiBAL schlecht. Aber wenn ich euch Deutsche richtig kriege, werden die anderen folgen. Dann werde ich meinem Ziel näherkommen.

B: Wenn Deutschland auf null zurückgeht?

P: Katastrophe. Wenn ihr zurückgeht, folgen N, Ö, Fi und Baltikum sofort. Alle mit bestem Rating an den Kapitalmärkten, die brauche ich, da gut mit anderen Zentralbanken zu handeln.

B: Zu handeln?

P: Ja, ja, wir sind eine Bank, leben von Gewinn.
Katastrophe, Untergang. Befehl: Sie bleiben bei mir, machen endlich richtig Schulden.

B: Trennen Sie uns doch aus Ihrem Packen. Mit den FIBSIRPs haben Sie bestes Geschäft. Deutschlands Staatsschulden buchen Sie in ein Sonderkonto aus. Das wird getilgt. Dann brauchen Sie sich mit uns nicht mehr herumzuärgern.

P: Versteht mich dieser Mann? Nein, nein, er versteht nichts. Ausbuchen, tilgen. Der macht die neue Welt in seinem Kopf kaputt. Der ist überflüssig.
Verlassen Sie den Raum. Ich will Sie nicht wiedersehen. Ich maile jetzt meinen Pressesprecher an, mit Sofortmeldung an die Weltpresse zu gehen, dass Sie entlassen, kein Bundeskanzler mehr sind.

B: Was Sie gerade gesagt haben, ordne ich unter lustig ein. Vergessen Sie nicht, die Meldung zu machen.

P: Ich habe die Adresse vom Sprecher nicht.

B: Doch im Speicher. Wie Ihre, nur mit seinem Namen.

P: Er hat eine Geheimadresse. Mucki oder Pucki.

B: Puky vielleicht? Ist ein stabiles Kinderfahrrad aus meinem Nachbarort, haben meine Kinder nicht kaputtbekommen.

P: Ich, ich, ich weiß es nicht.

B: Na, dann darf ich noch etwas weiter Bundeskanzler sein.
Für Ihren Sachvortrag danke ich Ihnen. Da ich weiß, was Sie schon beruflich gemacht haben, nehme ich Ihre Zukunftsprojektion ernst, sehr ernst.

P: Projektion? So wird es! Wahrheit.

B: Für mein Volk stehe ich ein, ich stehe vor meinem Volk. Seine Zukunft ist meine. Seiner Zukunft allein habe ich für die nächsten vier Jahre zu dienen.
Herr Präsident, Ihre Projektion, Ihre neue Welt nicht mit mir, nicht mit Deutschland.
Sie bauen eine Weltmonetärdiktatur auf. Was Sie schon auf dem Wege dahin getan, erreicht haben, werde ich für mein Land beenden, das zerstörte Geldwesen in Deutschland wiederaufbauen.
Das wird die Erklärung der Bundesregierung in fünf Tagen sein.

P: Nichts, nichts wird erklärt. Auf der Stelle sind Sie entlassen.
Ab jetzt führe ich Deutschland. So wird es mein Sprecher erklären. Ich führe Deutschland.

B: Wir hatten schon einen, der uns geführt hat. Nicht nochmal, nicht nochmal ins Verderben.

P: Aaahh! Aaahh! Jetzt kommen Sie wieder mit Ihrem Hitler, dem Totschlagmonster. Ich hasse Sie.

B: Vielleicht können Sie Ihren Sprecher besser im Flur erreichen. Vielleicht reden wir in einem abgesicherten Raum miteinander.

P: Ja, ja, Sie bleiben hier, rühren sich nicht weg. Ich verlasse Sie. Man wird Sie abholen.

B: Sie nehmen mich gefangen?

P: Ja, ja. Dummheit muss eingesperrt werden. Für immer.

B: Ihnen, Herr Präsident, danke ich fürs Kennenlernen und für das aufschlussreiche Gespräch.
Mein Handy funktioniert, also werde ich jetzt telefonieren.
»Herr Präsident …

P: Ich, wieso ich?

B: Hören Sie zu. Noch einmal: »Herr Präsident, bitte entschuldigen Sie die Unterbrechung. Das war der Unionsbankpräsident, er geistert durch den Raum und sucht seine Schlüssel. Der Herr hat den Raum abgeschlossen, damit ich nicht abhauen könne. Um den brauchen wir uns nicht mehr zu kümmern. Bitte kümmern Sie sich nicht um sein Schreien, lieber Feuerwehrchef.
Sie haben Ihre Kollegen platziert? Danke. Sie können die Leitern ausfahren bis zu dem Fenster, an dem ich stehe. Ja, alte Großmarkthalle, kennen Sie ja, die Feuerwehrmänner stehen schon unten. Ich kann Ihre Kollegen sehen. Das Fenster, dickes Isolierglas, ist nicht zu öffnen. Sehen Sie mich?
Bringen Sie bitte einen Fensterschneider mit hoch. Ihr Ja erfreut mich, Herr Präsident.
Dann: Wasser Marsch.«

P: Sie haben mich reingelegt, reingelegt. Sie.

B: Nein. Feuerwehrmänner helfen sich immer gegenseitig.

P: Reingelegt, reingelegt.

B: Schon seit der Jugendfeuerwehr bin ich dabei. Habe dort auch das Altbier kennengelernt. Lecker. Lecker.
Adieu, Herr Präsident. Ihr Schlüssel liegt im Tisch neben der Tür, in der Schublade. Merken Sie sich: Man sollte nie sein Schlüsselbund auf den Tisch knallen, bevor man ein Gespräch beginnt. Dann können selbst Schlüssel Beine bekommen.
»Adieu, mein kleiner Gardeoffizier, adieu, adieu und vergiss mich nicht! Und vergiss mich nicht!«

In der Pause Wechsel von Frankfurt am Main nach Berlin

Sehr geehrte Frau Leserin oder sehr geehrter Herr Leser!

Der Vorhang ist gefallen.

In der Pause verlassen wir Frankfurt am Main und fahren im Zug mit dem Herrn Bundeskanzler nach Berlin Hauptbahnhof. Für morgen früh um 10.45 Uhr ist für Sie am Besuchereingang Scheidemannstraße, Westportal des Deutschen Bundestages, eine Zutrittskarte reserviert, denn um elf Uhr wird der Bundeskanzler, wie im ersten Akt angekündigt, seine Regierungserklärung abgeben. Sie werden mitten in der ersten Reihe auf der Besuchertribüne sitzen. Von Ihrem bequemen Platz aus werden Sie das gesamte Plenum übersehen und durch das Glasdach in den nun schon lange wieder – welches große Glück für uns Deutsche – ungeteilten Himmel von Berlin schauen können.

Da wir im Theater sind, können wir uns jetzt eine gute Nacht wünschen und gleich wieder Guten Morgen zueinander sagen.

Und der Vorhang wird wieder hochgezogen

Zweiter Akt im Deutschen Bundestag. Die erste Regierungserklärung des Bundeskanzlers

Sehr geehrte Frau Präsidentin des Deutschen Bundestages!
Werte Kolleginnen! Werte Kollegen!
Sehr geehrte Damen und Herren!
Seit langem hatte die frühere Bundesregierung für heute eine Regierungserklärung angekündigt. Die kurzfristig von ihr ausgelöste Neuwahl des Deutschen Bundestages verunmöglichte es, dass sie vor dem Hohen Haus ihre Erklärung abgibt.

Nach einstimmiger Übereinkunft im neuen Kabinett und folgender Abstimmung mit Frau Präsidentin wurde an dem ursprünglichen Termin festgehalten. Dafür danke ich ihr und dem Hohen Haus.

Am neunten Tage nach der Vereidigung des neuen Kabinetts hier im Bundestag möchte ich für die neue Bundesregierung den Zeitpunkt nutzen, Sie zu bitten, mit mir innezuhalten, um über die Zukunft Deutschlands zu sprechen.

Sehr geehrte Frau Präsidentin! Werte Kolleginnen und Kollegen!

Heute geht es mir noch nicht um aktuelle Vorhaben und ihre Beratung. Heute geht es mir allein um die nächsten vier Jahre der neuen Legislaturperiode.

Mein Ziel lautet: Am Ende der Legislaturperiode wird es immer noch ein selbständiges Deutschland geben. Meine Leitidee ist, Deutschland bis dahin wirtschaftlich und damit politisch wieder unabhängig und selbständig zu machen. Die deutschen Bürger sollen wieder allein über ihre Heimat entscheiden, allein ihre Zukunft in die Hände nehmen.

Am vergangenen Freitag habe ich den ganzen Tag in Frankfurt am Main verbracht. Dankbar bin ich dem Herrn Präsidenten der Unionszentralbank dafür, dass er kurzfristig Zeit hatte für meinen Wunsch, ihn zur Vorbereitung meiner Regierungserklärung allein zu sprechen. Er hält den Schlüssel in seiner Hand, um unser Volk durch das Tor in den Untergang gehen zu lassen. Unser Volk würde es nicht eher merken, als bis es kein Vermögen mehr hat.

Der Präsident und ich sind im scharfen Dissens geschieden. Er hatte meinem Wunsch, ihn persönlich und vertraulich zu sprechen, zugestimmt, ihn sogar noch präzisiert. Ich bin allein bei ihm gewesen, mit der Bahn von Berlin zu ihm gefahren. Dass er die Vertraulichkeit so auslegte, die Weltpresse streng vertraulich in die Unionszentralbank einzuladen, habe ich geflissentlich übersehen, weil ich mit ihm sprechen wollte, nicht umgekehrt. Es war dem Präsidenten lästig. Was ich dann über unser Gespräch in den Netzen, in der Presse, in den Medien sehen durfte, hatte mit dem Gespräch, immerhin von 09:30 Uhr vormittags bis 17:26 Uhr nachmittags, nichts zu tun.

An seinem Gespräch, über das überall und breit berichtet wurde, hat wohl nur der Präsident allein teilgenommen und mit sich selber geredet. Die Verletzung der von ihm gewollten Abmachung mit mir, Vertraulichkeit einzuhalten, hat, wie immer bei Schlechtem, ein Gutes. Vor Ihnen, werte Kolleginnen und Kollegen, brauche ich mich nicht mehr an Absprachen mit dem Präsidenten der Unionszentralbank zu halten.

Der Präsident muss große Angst um seine Zukunft haben, dass er einen solchen Vertrauensverstoß gegen mich und damit gegen das deutsche Volk macht. So wie ich ihn am vergangenen Freitag kennengelernt habe, hat er das wissentlich, mit Absicht gemacht. Er will Diktatur.

Genug der Vorrede.

Unserem Land sind Lasten von den Vorgängerregierungen und von den Vorgängerbundestagen aufgebürdet worden, die selbst 82 Millionen hart arbeitende und sparsame Menschen mit Kindern und Kindeskindern nicht tragen können. Selbst wenn alle ihre eigene Wohlfahrt stark einschränken würden, reichten die Einsparungen nicht aus, die Ersparnisse wären schon vorher weg.

Kein Aus für Deutschland in 135 Tagen, weil Schuldenrausch der Zentralbank gestoppt

Der absehbare finanzielle Untergang Deutschlands ist im herrschenden Zahlen- und Gesetzeswerk der Union und ihrer Bank angelegt. Die jetzige Bundesregierung wird den absehbaren wirtschaftlichen Untergang Deutschlands verhindern; sie wird den absehbaren Staatsbankrott nicht zulassen, nicht einmal eine öffentliche Erörterung darüber. Als persönlich voll haftender Unternehmer sage ich Ihnen, wir haben noch 135 Tage Zeit, Deutschlands Aus abzuwenden. Jetzt, heute! Die Bundesregierung wird nicht Maßnahmen für später ankündigen, sondern dieses in engem Zusammenwirken mit dem Deutschen Bundestag und mit den 16 Ländern beschließen und innerhalb von 135 Tagen verwirklichen.

Was passiert mit uns, was lullt uns ein, so dass wir nicht merken, wie uns die wirtschaftliche Grundlage weggezogen wird? Jedem von uns. Ihnen, unseren Familien, mir.

Warum werden uns Narrative aufgetischt, Märchen erzählt? Wir sind doch keine Unmündigen. Warum werden wir abgelenkt? Sollen wir nichts merken?

Mit Worten gewinnt man in der Politik, nicht mit dem Degen oder der Bombe. Plötzlich ist ein Wort aus dem Englisch-Amerikanischen zu uns eingewandert. Nicht mehr Märchen, Erzählung heißt es fürderhin, sondern Narrativ. Märchen bleibt es trotzdem.

Narrativ eins:

Union und ihre Zentralbank sicherten in Europa den Frieden. Seit 1945 habe es keinen Krieg mehr zwischen den früheren sogenannten Erzfeinden gegeben. Damit der Frieden ewig gesichert sei, sollten Union mit Zentralbank die Führung der United States of Europe, kurz USE, übernehmen.

Jeder von uns hier im Bundestag und jeder von Ihnen, meine Damen und Herren auf den Tribünen, hat als deutscher Bürger seine eigene Friedensgeschichte. Jeder weiß, wie die alte Bundesregierung von US-Amerikanern und Briten geschützt worden ist gegen die Sowjetunion. Jeder in der alten Deutschen Demokratischen Republik wusste, dass es Frieden nur geben würde, wenn er und alle seine Mitbürger den Mund halten und klein beigeben würden gegen die Besatzungsmacht.

Die Europaunion war und ist keine Friedensunion, sondern ein Verband, um Interessen auszugleichen. Ihre Gründung war ein großer Kartellakt, genannt Montanunion. Seine Bindung war die Meistbegünstigung, sich jederzeit gegenseitig handelspolitische Vergünstigungen einzuräumen. Noch heute wird darum gefeilscht. Das Wettbewerbsrecht mit dem Beihilferecht ist der Kern der Union. Nur in ihm toben sich die Unionsländer gegenseitig aus. Der Rest ist Beiwerk für Festreden. Nicht einmal gemeinsame Zollgrenzen einen die Streithähne.

Die gemeinsame Währung für die Unionsländer stellt die größte Friedensprüfung für die gesamte Union dar. Frieden in der Währungsgemeinschaft wird mit immer mehr Schulden erkauft.

Das deutsche Volk hat schwer an der Währungsgemeinschaft zu tragen. Es rächt sich, dass die Bundesregierung, gefolgt vom stummen Bundestag, das deutsche Volk nicht zum Wechsel von der Deutschen Mark in den Euro befragt hat.

Diese Bundesregierung wird die anstehenden Entscheidungen zur Mitgliedschaft in der Union und in der Währungsgemeinschaft dem deutschen Volk zur Abstimmung vorlegen.

Ergebnis zu Narrativ eins: Stimmt nicht. Nie, nie wieder Krieg. Nie, nie wieder auf Menschen schießen, bomben, die unsere Nachbarn sind. Dieser Schwur im Mai 1945 gilt immer noch. Er trägt den Frieden. Ich bin ihm verpflichtet.

Märchen, heutig Narrativ zwei:

Wenn wir bei Entscheidungen der Union, wenn wir bei den Nacht-marathons in Brüssel nur die Fragen stellen: Was werden Entscheidungen für uns finanziell bedeuten? Was wird von uns extra zu bezahlen sein, welche Lasten bekommen wir für unsere Zukunft aufgebürdet? Die Antworten kennen Sie, die uns aus den anderen Unionsländern entgegenschallen: Deutschland habe ruhig zu sein. Deutschland profitiere am meisten von der Union. Seine Zahlungsbilanzüberschüsse würden zu einem immer größeren Ärgernis. Dafür hätten die Deutschen zu zahlen.

Zu den Leuten, die ständig und laut den Deutschen ihre angeblichen Zahlungsbilanzüberschüsse vorhalten, muss man nur sagen: Studieren Sie endlich, was eine Zahlungsbilanz ist. Dann werden jene erkennen, dass nur die Leistungsbilanz entscheidend ist. Die Meistbegünstigung bewirkt, dass in der Union niemand zu kurz kommt. Die Entscheidung, ob ein Land der Union international, ich betone: international wettbewerbsfähig ist, liegt allein bei den Regierungen und ihren Beamtenschaften.

Ein Beispiel aus meiner Praxis als Unternehmer: Italien hat eine Wirtschaft mit höchster Effizienz, aber seine in alles hineinregierende Zentralregierung verhindert dezentrales Wirtschaften und befördert die Korruption. Deutschland eifert Italien in der Bürokratie nach, aber die 16 Bundesländer wehren sich gegen Berlin plus Brüssel/Straßburg. Dank allen deutschen Ländern dafür, dass sie das Subsidiaritätsgebot für die Union verteidigen.

Dieser dauernde Wettbewerbsantrieb stärkt die deutsche Wirtschaft. Ihre Stärke im Außenhandel und ihr Produktionsexport sind Tradition seit den 1870er Jahren. Die Bundesregierung wird endlich wirksam die überbordende Bürokratie aufs Notwendigste zurückführen. Von der halben Million Beschäftigten des Bundes werden in den nächsten Jahren ein Drittel abgebaut. Das Ausbildungswerk wird ungekürzt weitergeführt, stärker auf Internationalität ausgerichtet, das heißt, nur Anwärter mit voller Kommunikationsfähigkeit in mindestens drei

Fremdsprachen werden weiterbeschäftigt. An neuen Verordnungen und Richtlinien der Union wird sich die Bundesregierung in dieser Legislaturperiode nicht beteiligen.

Die Union ist und bleibt ein riesiges Kartell. Dem kann man nur mit der Gegenkraft des freien Wettbewerbs begegnen.

Zum Narrativ zwei gehört auch das Märchen, dass nur die geeinte, zusammenstehende Union Gegenkraft im internationalen Wettbewerb gegen USA und China sein könne. Nur Länder mit offener Wirtschaft, naturwissenschaftlichen und technischen Universitäten, vielen Fachhochschulen, breiter dualer Ausbildung und kleinen Klassen in den Schulen, Rechtssicherheit und einer unabhängigen Polizei, die die Korruption unterbindet, sind global heute und morgen fähig, den Wohlstand ihrer Völker immer weiter zu steigern: die Schweiz, Großbritannien, Italien, Österreich, Finnland, Tschechoslowakei, Niederlande, Kanada, Japan, Republik China und mehr. Und wir, wenn uns die Union nicht in ihren Abwärtsstrudel ziehen würde. Die Meistbegünstigung ist das beste politische Instrument, offene Märkte weltweit für uns über die Grenzen hinweg zu sichern. Für die Zukunft unseres Standortes reicht das aus.

Die Unionsführer in Brüssel/Straßburg sollten nicht, nein: nie vergessen, dass sie den funktionierenden Wirtschaften in ihren Mitgliedstaaten zu dienen und deren Freiheiten zu sichern haben. Von uns werden sie bezahlt.

Die Bundesregierung wird abstellen, dass der Urauftrag der Meistbegünstigung von der Union weiter verwässert, eingeschränkt wird. Zudem wird die Bundesregierung abstellen, dass die Meistbegünstigung weiter stillschweigend in eine Schuldenhaftung Deutschlands verwandelt wird. Die Schuldenhaftung Deutschlands für die Union wird in den nächsten drei Jahren auf die Hälfte von heute zurückgedreht. Einschließlich, ich betone einschließlich der Summe von Bürgschaften, Garantien, Patronaten, mündlichen Zusagen und Ähnlichem. Wenn sie nicht bekannt sein sollte, wird die Summe in den nächsten acht

Wochen erhoben und dem Bundestag mitgeteilt. Die Entschuldigung, dass die Kameralistik des Bundes mit derartigen Erhebungen Schwierigkeiten habe, wird nicht mehr akzeptiert. Sie gehört ohnehin dem 19., nicht dem 21. Jahrhundert an.

Nun kommt Narrativ drei: Deutschland sei das wohlhabendste Land der Union.

Mein nächster Satz wird Sie nicht überraschen. Innerhalb der Union gehört Deutschland zu den ärmeren Ländern. Zwei Größen erlauben die Einschätzung: die Leistung der gesamten Wirtschaft in einem Jahr, das Bruttoinlandsprodukt und dagegen die Generationenbilanz mit allen bekannten Staatsschulden heute und in Zukunft.

Die Staatsverschuldung heute macht zwei Drittel des Inlandsproduktes aus. Rechne ich die bekannten öffentlichen Schulden hinzu, wird aus den zwei Dritteln das Zweifache, also das Zweifache einer Jahreswirtschaftsleistung aller Deutschen. Immer vorausgesetzt: normale Zeiten, keine Krise, Wirtschaft boomt. Auf jeden Deutschen im Durchschnitt gerechnet, müsste er zwei Jahre auf alles verzichten, was er verdient. Dann könnten die Schulden bedient werden. Alle Rentner, Babys, Kita-Kinder und Schüler/Studierenden müssten mitmachen.

Das ist die eine Rechnung. Die andere ist die der Generationenbilanz. Unter den 27 Unionsländern steht Deutschland in der unteren Hälfte. Besser stehen Frankreich, Portugal und Italien da. Ab sofort bekommen diese drei deshalb keine Hilfen mehr von Deutschland, auch nicht über Anleihekäufe der Unionsbank.

Die sparsamen Niederländer, Österreicher und Finnen haben noch eine schlechtere Generationenbilanz. Sie brauchen überhaupt den reichen Franzosen, Portugiesen und Italienern nicht zu helfen. Vielmehr müssten die ihnen und uns zur Seite springen.

Nebenbei: Damit wurde ein weiteres Narrativ über die armen, armen Franzosenitalienerportugiesen erledigt. Nur die Spanier sind ärmer als wir.

Unserer gesamten Staatsschuld steht das Inlandsprodukt nur zur

Hälfte gegenüber, nicht einmal zu einem Siebtel Spargeld. Das ist verdammt wenig. Mehr haben wir nicht auf unserer finanziellen Habenseite.

Ungefragt haben alle Deutschen den Untermann für die Schuldenexplosion der Union und ihrer Zentralbank zu stellen

Zu allem muss hinzugezählt werden, wie hoch wir, Deutsche alle zusammen, für die Unionszentralbank einzutreten haben. Kaufmännisch und rechtlich betrachtet, haftet Deutschland nur mit dem Kapitalanteil von gut zwei Milliarden Euro.

Jeder hier im Bundestag, jeder in unserem Volke, jeder Tätige an den internationalen, globalen Finanzmärkten, jeder politisch Verantwortliche in den anderen Ländern weiß, dass Deutschland voll und hauptsächlich für die Verschuldung der Unionszentralbank haftet, in erster Position und vor allen anderen mithaftenden Ländern.

Deutschland hat das beste Kapitalmarktranking, es hat die meisten Einwohner, es hat verlangt, dass die neue Unionszentralbank wie die Bundesbank organisiert werden und entsprechend agieren soll. Dem ist von den Vorgängerregierungen nicht widersprochen worden. Ob daraus eine rechtliche Haftung Deutschlands für die gesamte Unionszentralbank abzuleiten sein könnte, weiß ich nicht. Dass daraus global an den Märkten und von anderen Regierungen politisch auf eine moralische Gesamthaftung von Deutschland gepocht werden würde, ahne ich, würde ich erwarten. Also muss sich die Bundesregierung darauf einstellen.

Kernfrage: Wie hoch ist die Haftungssumme insgesamt? Altmodisch rechne ich in den Kategorien des Handelsgesetzbuches. Der Unterschied zu den heute global genutzten Bilanzstandards ist für die Verlustkalkulation einer staatlichen Monetärinstitution nicht brauchbar. Das Handelsgesetzbuch ist dagegen eindeutig.

Mit dem Bilanzierungsversuch möchte ich die Frage beantworten: Was kann aus der Zentralbank der Union im denkbar größten Krisenfall als Mithaftung, als Zahlungsverpflichtung auf Deutschland zukommen?

Dafür mein, nur mein Versuch, den Großkrisenausfall, der Deutschland treffen könnte, zu kalkulieren. Ich sage nicht, dass ich diesen weiß, ich kalkuliere ihn.

Dann reden wir nicht mehr von Milliarden oder tausend Millionen, sondern von Billionen, tausend Milliarden. Der deutsche Kapitalanteil an der Unionszentralbank beträgt – auf eine Billion gerechnet – nur gut zwei Prozent, auf zehn Billionen null Komma zwei Stellen hinter dem Komma. Nichts, ein Nichts.

Sie werden mich fragen müssen, ob solche Größenordnung realistisch ist. Sie klingt nach einer Explosionsinflation à la Herbst 1923, ist es aber nicht. Hinter der Größenordnung verbirgt sich viel, viel Schlimmeres als 1923. Deutschland wird auf heimlichem, stillem Wege in die Diktatur geführt, in eine völlig neue Form der Diktatur, in die Gelddiktatur, in die Weltmonetärdiktatur. Die zentrale Geldherrschaft wird über unsere Köpfe hinweg ausgeübt. Mitzubestimmen haben wir nichts, auch unsere Bundesbank nicht.

Werte Kolleginnen, werte Kollegen, keine Verschwörungstheorie. Kein neues Narrativ. Kein Märchen. Kein Schwindel. Realität. Gegenwart. Vor sechs Tagen bin ich draufgekommen. Vorher wusste ich nichts davon.

Springfields Lügenattacke
gegen den Bundeskanzler

Präsidentin (unterbricht): Herr Bundeskanzler, lassen Sie eine Frage der Abgeordneten Frau Dr. Beatrice Springfield von der Fraktion DIE LINKE zu?

B: Gerne.
Abgeordnete Frau Dr. Beatrice Springfield, Fraktion DIE LINKE: Ihre Ablehnung der neuen Geldpolitik unserer Unionszentralbank ist mir und meiner Fraktion völlig unverständlich. In einer Pressekonferenz nach Ihrem Gespräch mit dem Herrn Präsidenten, das, wie Sie eben erklärt haben, auf Ihren Wunsch am vergangenen Freitag in der Zentralbank stattgefunden hat, haben Sie und der Herr Präsident die neue Geldpolitik behandelt – und Sie haben diese gutgeheißen. Dafür hat sich der Herr Präsident ausdrücklich in der Pressekonferenz bei Ihnen bedankt. So auch die Wiedergabe in der bürgerlichen Presse und in allen übrigen Medien. Die führende Ratingagentur Standard & Poor's aus New York hat Ihr Statement sehr gelobt. Was erzählen Sie uns? Aus meiner Sicht lügen Sie uns an.
(Protokoll vermerkt Beifall bei der Fraktion DIE LINKE.)
Präsidentin: Frau Abgeordnete, ist damit Ihre Frage beendet? Danke für Ihr Kopfnicken. Herr Bundeskanzler, bitte nun Ihre Antwort.

B: Werte Kollegin! An Ihrer Frage sind zwei Formulierungen der Wirklichkeit nahe. Erstens: Nach meiner Vereidigung im Bundestag habe ich den Zentralbankpräsidenten kurzfristig um ein persönliches Gespräch gebeten. Zweitens: Dieses Gespräch hat am vergangenen Freitag im Konferenzteil der Zentralbank zu Frank-

furt am Main von 09:30 bis 17:26 Uhr zwischen uns beiden allein stattgefunden. Weitere Personen haben sich nicht in dem Raum befunden. Der Präsident hatte mir persönlich bei unserer telefonischen Terminabsprache, ich zitiere, »absolute Vertraulichkeit von uns beiden über das Gespräch« abverlangt. Meine Zusicherung hat er sofort erhalten und bestätigt. An einer Pressekonferenz des Herrn Präsidenten habe ich nicht teilgenommen. Mit Journalisten während unseres Gespräches und hinterher in Frankfurt am Main und auf meiner Rückfahrt nach Berlin habe ich nicht gesprochen. Nachdem ich um 17:14 Uhr, nach meiner Armbanduhr, erklärt habe, dass ich seine neue Geldpolitik nicht mittragen und deshalb dem Deutschen Bundestag bei der ersten Regierungserklärung vorschlagen werde, dass Deutschland seine Mitgliedschaft in der Unionswährung so schnell wie möglich beendet …
(Protokoll vermerkt laute Zwischenrufe, starken Beifall, Zischen)

… hat mich der Präsident von meiner Bundeskanzleraufgabe per sofort abgesetzt und mich in seinem Gesprächsraum für festgesetzt erklärt, sodann für meine Festnahme versucht, mehrere Bedienstete herbeizutelefonieren. Da sein Handy nicht funktionierte, hat er meines verlangt. Den Wunsch habe ich abgeschlagen. Darauf eilte der Präsident zur Tür, fand seinen Schlüssel nicht und verlangte von drinnen lautstark nach Bediensteten, auch nach der Bankpolizei. Dies bewog mich, mich mit dem Rücken zum Fenster zu stellen. Vorher hatte ich um mich einige der Tische aufgestellt, auf die ich Stühle auftürmte, um eine körperliche Festnahme zu erschweren. Gleichzeitig habe ich der wartenden Feuerwehr, die ich vorher per SMS gewahrschaut hatte, die Bitte »Wasser Marsch!« übermittelt. Die Feuerwehr hat mich über Leitern aus der Zentralbank geholt, musste dafür ein Fenster ausheben. Das war das letzte Mal, dass ich den von der Saaltür zurückstürzenden Zentralbankpräsidenten gesehen habe. Noch einmal: Mit Medienvertretern habe ich nicht gesprochen. Die Feuerwehr – Dank an euch Wehrfrauen und -männer. Ihr wisst, dass ich von Jugend an dabei bin, Dank von hier aus, Dank, Ihnen, Herr Präsident Emmanuel Löhrmann von der Frankfurter Hauptwehr, für meine Rettung, Hurra auf die hauptamtlichen und ehrenamtlichen Feuerwehrfrauen und Feuerwehrmänner! – (Protokoll vermerkt starke Hurrarufe im gesamten Plenum) ... die Feuerwehr hat mich dann zum Hauptbahnhof gefahren. Mit dem nächsten Berlin-Zug, 17:58 Uhr, bin ich zurückgefahren. (Protokoll vermerkt Zwischenruf: »Allein?«)

Ja, allein, ich hatte den Präsidenten, wie schon geschildert, per Telefon um ein persönliches Gespräch gebeten und gesagt, ohne Begleitung zu kommen. Damit war der Präsident einverstanden gewesen. Ich fahre fort: Die letzten Worte, die mir der Präsident hinterhergerufen hat, als ich schon auf der Leiter nach unten kletterte, waren, ich hätte ihn reingelegt oder ähnlich. Da habe ich ihn nur noch gehört, nicht mehr gesehen.
Mehr, werte Kollegin, Frau Dr. Springfield, kann ich Ihnen nicht antworten. Ich weiß, dass ich dies an Eides statt getan habe.
Präsidentin: Kollegin Frau Dr. Springfield, wünschen Sie eine Zusatzfrage?
Mir wird gerade gesagt, die Abgeordnete habe das Plenum verlassen.

Der Bundeskanzler und das Adieu-Lied.
Die große Zukunftssorge.
Nie wieder 1923, 1930 und 1933

Fahren Sie fort, Herr Bundeskanzler, nein, fahren Sie bitte noch nicht fort. Zwar weiß ich, dass ich als Präsidentin nicht zum Thema fragen sollte, um die Neutralität des Präsidiums zu wahren. Ich muss mich schon jetzt entschuldigen. Meine Neugierde juckt mich zu stark in den Fingern. Darf ich Sie fragen, wie Sie auf das Adieu-Lied gekommen sind, warum Sie es in einem politisch doch so hochbedeutsamen Augenblick angestimmt haben?

B: Gerne.
Präsidentin: Bitte nicht sofort antworten. Ich frage zunächst die anwesenden Herren und Damen Abgeordneten, ob Einwände dagegen bestehen, dass ich an Sie meine Frage stelle.
(Protokoll: Rufe aus dem Plenum: »Würden wir gerne auch wissen.« »Fragen Sie man.« »Der Bundeskanzler soll mal vorsingen.«)
Präsidentin: Dann ist das geklärt. Jetzt sind Sie dran, Herr Bundeskanzler.

B: Danke. Vorsingen werde ich das Lied nicht, denn dann wird der Putz von den Wänden fallen, und die Gäste auf der Tribüne werden flüchten.
(Protokoll: Rufe von der Tribüne »Wir bleiben«. Einzelne Stimmen: »Adieu, mein kleiner Gardeoffizier«, lauter werdend. Die Tribüne singt.)

Präsidentin: Bitte singen Sie nicht mehr, meine Herren und Damen, auch wenn ich daran schuld bin. Ich muss Sie bitten, die Würde des Hohen Hauses zu achten, ich werde es auch tun. Jetzt werden wir alle wieder ernst. Bitte, Herr Bundeskanzler.

B: Tiefsitzende Erinnerung und große Zukunftssorge. Werte Kolleginnen und werte Kollegen, bitte lassen Sie mich dieses Gefühlspaar um Gestern und Morgen erläutern. Besseres als dieses Gefühlspaar fällt mir spontan nicht ein. »Adieu, mein kleiner Gardeoffizier« ist 1930 erklungen, zunächst in einem umjubelten Film …
(Prokoll: Zwischenruf »Das Lied ist aus«)

… ja, richtig, dann immer stärker allein. Mitten in der weltweiten übelsten Depression, in Deutschlands großer Rezession, in einem immer verheerenderen Chaos, das die damalige Reichsbankleitung mit ihrer engstirnigen Rechthaberei ausgelöst hatte und anschließend über ihre Aktionen weiter vertiefte. Die Not wurde von Tag zu Tag größer, nur sieben Jahre nach der furchtbaren Inflation. Auch diese Schuld der Reichsbankleitung, die über eine finanzielle Repression ohnegleichen die deutschen Schulden aus dem Ersten Weltkrieg entsorgte. Das Volk wurde geplündert. Sie erinnern sich: 1923 war eine Billion Mark, eine Zwölf-Nullen-Mark gleich einer neuen Rentenmark. Auch 1930 verloren die Deutschen Arbeit und Vermögen, aber sie verloren nicht ihren Mut. Sie sangen, sie sangen: »Was immer geschehen auch mag, lache in den Sonnentag.« Das ist die tiefsitzende Erinnerung.
(Protokoll: Rufe: »Was ist mit Ihrer so großen Zukunftssorge?« »Endlich Butter bei die Fische.«)

Meine große Zukunftssorge kommt aus der deutschen Finanzgeschichte, und das war immer zuerst die deutsche Geldgeschichte. In hundert Jahren von heute zurückgerechnet hat Deutschland vier große Währungsreformen überstehen müssen …
(Protokoll: Rufe: »Falsch, aufzählen!«)

1923, 1945, 1948, 2002. Die Bewohner der Deutschen Demokratischen Republik sogar fünf. Wie wir alle wissen, müssen wir
den Umtausch aus DM-Ost in DM-West 1990 dazurechnen.
(Protokoll: Zwischenruf: »2002 war keine.«)

2002 war zunächst eine nur überschaubare, rechnerische, aber in
der Anlage der Währungsunion eine eingeplante. Wiederum eine
zurückgestaute Währungsreform wie 1945 und 1948.
(Protokoll: Zuruf: »1945 gab es keine.«)

Sie, werter Herr Kollege, und ich waren nicht dabei, aber unsere
Eltern. Wenn nur noch der Schwarzmarkt funktioniert, Lebens-
mittelkarten nur noch den Hunger verwalten, das Geld zum
Ofenanheizen zu benutzen ist, dann haben Sie eine praktische
Währungsreform.
(Protokoll: Zurufe: »Ihre Zukunftssorge, was ist damit?«)

Eine Währung geht immer über die Schulden eines Staates kaputt. Ein Staat hört auf, Staat zu sein, wenn er seine Schulden
nicht mehr begleichen kann. Mit Schuldenanschreiben bei anderen Staaten beginnt der Niedergang.
Kaputte Währung und Staatsbankrott können nur gut geführte,
wirtschaftlich starke Staaten vermeiden.
(Protokoll: Rufe: »Das weiß doch jeder«, »Wann endlich Butter
bei die Fische?«)

Sie können aber nicht einen riesengroßen Wirtschafts- und Währungsraum, einen Raum, wie jeder von Ihnen weiß, der am Reiß-
tisch entworfen und ohne Beteiligung der Völker zur Wirklichkeit
erklärt worden ist, in dem die Mehrheit über ihre Verhältnisse
lebt, allein über und durch Deutschland erhalten. Nein, das können Sie nicht, das kann unser Volk nicht. Dieser Grundfehler

wird nicht geheilt, er ist nicht zu heilen. Er wird über eine sich immer schneller erhöhende Schuldenfinanzierung zugekleistert, nicht beseitigt.

(Protokoll: Zurufe aus der Fraktion DIE LINKE: »Ach, die alte Platte.«)

Ja, die alte Platte, deshalb meine Erinnerung an 1930, an den Hunger, an den kleinen Gardeoffizier, den Tröster in der Rezession. Was aus 1930 drei Jahre später folgte, brauche ich hier im Bundestag und draußen in unserem Lande nicht auszuführen.

Die neue Bundesregierung wird verhindern, und ich werde verhindern, dass wiederum eine falsche Zentralbankarbeit, eine Zentralbankpolitik à la Reichsbank in Deutschland alles zerstören wird wie 1923 und 1930.

Nie, nie wieder!

Frau Präsidentin, mit diesem Ausruf bitte ich Sie und die werten Kolleginnen und Kollegen des Deutschen Bundestages, doch wieder zu meiner Regierungserklärung zurückkehren zu dürfen.

Präsidentin: Herr Bundeskanzler hat vorgeschlagen, mit seiner Regierungserklärung fortfahren zu dürfen. Gibt es Einwände aus dem Plenum? Ich sehe keine. Jetzt sind Sie wieder alleine dran, Herr Bundeskanzler. Augenblick, ich höre Applaus. Woher kommt der?

B: Frau Präsidentin, vielleicht von Theaterbesuchern? Sind wir nicht alle Mitspieler in einer Realkomödie?

Präsidentin: Ja, Realkomödie, das sehen Sie, Herr Bundeskanzler, schon richtig; erst neun Tage dabei, ich bin schon altes Eisen mit meinen erst 46 Jahren und in der dritten Legislaturperiode. Berlin ist eine riesengroße Komödie, der Bundestag eine besondere, wie Sie allein an den vielen originellen Zwischenrufe bemerken, die

Ihre Rede schon geziert haben. Wenn man das Theater vergisst, in dem man mitwirkt, auch das so oft mögliche herzhafte Lachen vergisst, ist man hier verloren. Realkomödie ist richtig, da treffen wir uns total. Das Leben in der Politik bringt Spaß. Entschuldigen Sie meine Empathie. Nun wird es wieder ernst.

B: Danke Ihnen, Frau Präsidentin, und Ihnen, werte Kolleginnen und Kollegen, dass ich an 1923 und 1930 erinnern durfte. Nun werde ich wieder in die Regierungserklärung zurückkehren und zunächst darauf eingehen müssen, was die Abgeordnete Frau Dr. Beatrice Springfield über das von mir mit dem Herrn Präsidenten der Unionszentralbank am vergangenen Freitag geführte Gespräch im Plenum verbreitet hat. Denn was darüber in der Presse gestanden hat und in den Netzen berichtet wurde, ist falsch, wie ich schon angefangen habe auszuführen.

Gegenüber Kollegin Frau Dr. Beatrice Springfield, die mir vorgeworfen hat, ich hätte gelogen, um dann das Plenum zu verlassen, halte ich fest: Der Zentralbankpräsident hat unmittelbar nach unserem Gespräch den Medienvertretern und damit der Öffentlichkeit bewusst und grundlegend Falsches erzählt. Somit hat er mich öffentlich belastet, so dass selbst eine Abgeordnete des Bundestages auf ihn reingefallen ist.

Mich zu belasten hat nur das Ziel, alle Menschen in Europa davon abzulenken, welcher politische und gesellschaftliche Umschwung in der Zentralbank inzwischen auf den Weg gebracht worden ist. Über seine Weltmonetärdiktatur redet der Herr Präsident nicht, aber er baut sie auf. Das habe ich ihm gesagt und begründet.

Mein Gespräch mit dem Präsidenten diente in der Hauptsache dem Geldmachen und dem unbegrenzten Produzieren von Geld. In seiner heimlich vorbereiteten Pressekonferenz am vergangenen Freitag, wohl schon gegen 17.45 Uhr, hat er dies nicht behandelt. Dazu habe ich von dem Präsidenten Grundlegendes erfahren. Er

hat mich in das heutige und das zukünftige Geldmachen einge-
führt. Das Drehbauch dafür heißt Modern Monetary Theory, zu
Deutsch ungefähr »Moderne Währungs- oder währungspolitische
Theorie«. Das Wort »Theorie« lenkt ab, soll ablenken, so der Präsident zu mir. Wenn die Menschen »Theorie« hörten, glaubten sie
alles. So wurde ich vom Präsidenten aufgeklärt.

Es geht allein ums Geldmachen aus der Luft. Bis zum letzten
Freitagvormittag wusste ich davon nichts. Langsam wird mir
deutlich, was in den Zentralbanken, die die Welt beherrschen,
in den letzten Jahren als eine neue Geldpolitik entwickelt wurde.
Ohne Ankündigung wurde ein undurchdringlicher Geldschleier
über uns gelegt, inzwischen sind wir von ihm voll eingenebelt
worden. Innerhalb von kürzester Zeit wurden die Zentralbank-
bilanzen der USA und der Union zusammen auf zig Billionen
aufgeblasen für nur knapp ein Achtel der Weltbevölkerung. Der
Rest hat zu folgen nach der Methode »Friss, Vogel, oder stirb«.
Zu sagen haben die benachteiligten sieben Achtel der Weltbevölkerung nichts.

Auch das habe ich inzwischen gelernt, die Unionszentralbank
spielt eng mit der Zentralbank in Washington D.C. zusammen.
Macht die etwas vor, wird das sofort nachgeahmt. Sitzen im Turm
zu Frankfurt am Main nur Claqueure, Nachahmer, Trittbrett-
fahrer? Eine gegenteilige Antwort habe ich bisher nicht gefunden.
Nun wende ich erneut vor Ihnen die heute von den Globalisten so
verpönte altmodische Bilanzierung des Handelsgesetzbuches an,
die des Gläubigerschutzes, nicht die heute herrschende des alleinigen Aktionärsinteresses, nicht die der nur auf schnellen und sofort einzusackenden Gewinn Spekulierenden. Die sind von einem
privaten Wirtschaftsprüfergremium in London festgelegt worden
und dienen allein den Finanzinvestorencliquen auf dieser Welt.
Das Volk darf dabei nicht mitwirken, nur zahlen, wenn die Cli-
quen sich verspekuliert haben. Auch dann wird es nicht gefragt.

Zentralbank Washington D.C. und Zentralbank Frankfurt am Main agieren, wirtschaftlich gesehen, zusammen, zusammen wie ein Unternehmen. Nennen wir die Firma »Zewaf«. Für diese Firma hat Deutschland wirtschaftlich zu haften. Unser Kapitalanteil an der zusammenaddierten Bilanzsumme von Zewaf macht ein Tausendstel aus. Einen Krümel. Nur noch zum Räuspern. Der Schutz der deutschen Bürger, der Gläubiger der Unionszentralbank und damit auch von Zewaf, ist im Geldschleier verschwunden.

Frau Präsidentin, werte Kolleginnen, werte Kollegen, Sie werden jetzt sicherlich auf die Uhren schauen, weiter Ihre Phones bearbeiten, eine halbe Stunde ist schon herum, und fragen, warum ich Ihnen denn mein Herz ausgeschüttet habe.

(Protokoll vermerkt einzelne Zustimmung, »Weitermachen«-Rufe.)

Natürlich müssen neuer Bundestag und neue Bundesregierung handeln. Dies in der Hoffnung, dass es noch nicht zu spät ist. Das Volksvermögen und das Geld des Volkes müssen vor den Geldmachern gerettet werden. Dazu werde ich Ihnen einen Vorschlag unterbreiten. Aber einen Augenblick des gemeinsamen Nachdenkens benötige ich noch, bevor der Vorschlag kommt.

Wie ist es zu dieser Situation gekommen? Warum haben so viele Politiker und Beamte mitgemacht? Warum haben die Führer der gesellschaftlichen Gruppen mitgemacht? Dass die Investmentbanker und Vermögenstrustinhaber mitgemacht haben, versteht sich von selbst. Die haben dick abgesahnt. Sie werden, wenn nichts geschieht, noch dicker absahnen. Wo waren die soliden Banker? Haben sie nur gelispelt, weil sie nichts gewusst haben? Das glaube ich nicht.

Mir fällt nur eine Erklärung zu diesem Zustand ein. Die Deutschen sind dem Recht vertrauend auf die Schieberegler in der Unionskommission reingefallen. Scheinbar legal verschieben die seit langem den Unionsvertrag, so wie es die Kommission mit ihrer Zentralbank will oder braucht.

So wurde unbemerkt oder mit Beifall versehen die Mandaterei ausgeheckt. Die deutschen Bürger meinen, dass die Zentralbank im Unionsvertrag nur eine Aufgabe habe – die Preisstabilität zu wahren. Stutzig wurde ich vor längerem, dachte überhaupt noch nicht daran, einmal vor Ihnen zu sprechen, als ich las, die Unionsbank habe dem Gemeinwohl zu dienen. Darauf komme ich gleich zurück.

Ist vielleicht die Preisstabilität nur die propagandistische Beruhigungspille für unser Volk? Soll es nicht fragen, was die Unionszentralbank gegen unser Geld im Schilde führt?

Bis vor kurzem war ich noch Unternehmer. In die Verträge werden immer Preisindexklauseln aufgenommen. Daher weiß ich, wie lebenswichtig Preisstabilität in der Praxis ist und dass es dafür keinen generellen, keinen wahren Index gibt.

Das ist der Unionszentralbank völlig egal. Sie definiert Preisstabilität bis Preissteigerungen von bis zu unter zwei Prozent im Jahr. Allein Inflation in Preisstabilität umzumünzen ist eine einzige Frechheit gegen die für ihre Zukunft selber vorsorgenden Sparer. Weil die Zentralbank das nicht erreicht, sei die Geldmenge schuld, sie brauche deshalb nur aufgeplustert zu werden, dann ergäbe sich die Inflation, Entschuldigung: die Preisstabilität. Wunderbarer Grund zum Geldmachen. Irrsinn für sparsame Familien und Unternehmen, die viele Menschen beschäftigen. Beide Gruppen brauchen stabiles Geld und kalkulierbare Zinsen, um ihre Transaktionen zukunftssicher zu steuern. Beide Gruppen sind weggeschlossen, haben nichts zu vermelden, leben und handeln im Dunkeln.

Schuldendrogen für das Volk: Gemeinwohl, Daseinsvorsorge, selbsterlaubter Generalauftrag der Zentralbank

Zur Vorbereitung meiner Rede habe ich herauszufinden versucht, wie viele Aufträge, genannt Mandate, die Zentralbank unserer Union hat, vor allem sich selbst gegeben hat und natürlich allesamt befolgt. Von Unterstützung der Union in ihrer Wirtschaftspolitik und ihrer Politik insgesamt bis hin zur Währungsstabilität, Erhalt des Weltfriedens, Unterstützung ehemaliger Kolonien, Bekämpfung der Massenarbeitslosigkeit – was für eine Kriegersprache! –, sozialen Aufgaben und manchem mehr wird jedes Mandat abgeleitet aus dem Unionsvertrag. 57 Mandate hatte ich schon nach einer Stunde zusammen. War beileibe nicht fertig.

Das Gemeinwohl mit seinen unendlichen Verästelungen hatte ich noch nicht mitgezählt, es lag noch außerhalb meiner Auflistung, vor allem in der höchsten Form des Gemeinwohles, der Daseinsvorsorge, dem Kernstück der nationalsozialistischen Wirtschafts- und Sozialpolitik. Nun ist das Kernstück eins zu eins im Vollzug des Unionsauftrages zum Mandat der Zentralbank geworden. Keine Gegenstimme hat sich erhoben.

Öffentlich versichert der höchste Vertreter der Zentralbank seit Jahren, die Bankmittel würden unbegrenzt sein, um Zweck und Ziel ihres Mandates auf ewig zu erfüllen. Welches, wird nicht gesagt, sondern nach Belieben benutzt. Eben Daseinsvorsorge.

Das nenne ich: selbsterlaubten Generalauftrag. Das ist unbegrenzte Geschäftsbesorgung im eigenen Auftrag auf Kosten anderer, auf Kosten des Volkes. Das Volk wird überfahren, weiß von nichts, haftet mit seinem Vermögen, mit seinem Hab und Gut für die Eigenmächtigkeiten der Zentralbankführung und der Unionsorgane, ohne jemals gefragt zu werden. Das ist schlimmste Monetärdiktatur. Das ist Diktatur. Entsetzt bin ich, zu erkennen, dass Deutschland zum zweiten Mal innerhalb von hundert Jahren in einer Diktatur steckt, die DDR-Bürger zum dritten Mal.

Bundestag, Bundesrat und Bundesregierung haben keine Mitwirkung, keine Mitentscheidung. Die grundlegende Formel für den Zusammenhalt der Union, die Subsidiarität mit ihren Rechtsbestimmungen, ist nicht mehr bekannt, wird nicht mehr befolgt. Es sind Floskeln für Sonntagsreden.

Der Vertreter Deutschlands, der Bundesbankpräsident, hat eine Stimme. Es gilt das einfache Mehrheitsprinzip. Abgestimmt werden kann, wenn zwei Drittel der Mitglieder anwesend sind. Bei Stimmengleichheit entscheidet der Präsident. Es gilt das genossenschaftliche Prinzip, Malta ist gleich Deutschland. Zentralbank ist gleich Amateursportverein, nein: falscher Vergleich. Im Sportverein wird Demokratie gelebt.

Über Mandatsselbsterlaubnis gibt es weder im Unionsvertrag noch im Protokoll Nummer vier dazu Erlaubnis und Vorgaben. Die Zentralbank betreibt ihre Mandaterei aus freiem Ermessen, eben total selbsterlaubt. Das ist ihre Daseinsvorsorge für sich selbst. Der NS-Staat lässt grüßen. Die Weltmonetärdiktatur dient dem Gemeinwohl. Das ist nicht zu übertreffender Zynismus.

Wenn Sie jetzt sagen, dass etwas völlig mit Zentralbank und ihrer selbsterlaubten Mandaterei falsch gelaufen ist, stimmen wir überein. Hinter einem solchen Mandatswirrwarr, Mandatsschwindel, ist, genauer: war es einfach, die Diktatur aufzurichten.

Frau Präsidentin, werte Kolleginnen, werte Kollegen!

Deutschland steht vor zwei Entscheidungen. Dem vorherigen Bundestag und der Bundesregierung bin ich dankbar dafür, dass beide diese offengehalten haben.

Zur ersten Entscheidung drängen uns andere starke Unionsländer. Entweder sei die Union ein politisches Projekt oder nur ein Marktprojekt. Sie sprechen sich für das politische aus und stellen fest, dass dafür Finanztransfers und Finanzsolidarität benötigt würden – auf Dauer, wie ich hinzufüge.

Die zweite Entscheidung hat sich aufgebaut, ohne dass frühere Bundesregierungen und Bundestage das deutsche Volk gewahrschaut, gewarnt, vorbereitet hätten. Die neue Bundesregierung und der Bundestag wie auch der Bundesrat haben den Schuldenirrsinn der Unionszentralbank nicht nur zur Kenntnis zu nehmen, sondern endlich zu handeln. Deutschland muss aus dem Schuldensog heraus! Schnellstens, auf immer.

Die Geldmacher in der Zentralbank und ihre riesige, gut von ihr lebende Anhängerschar werden mich als Ignoranten abtun. Ich würde ihr System nicht verstehen, mit falschen politischen Parolen jonglieren, hochbekannte Ökonomen verleumden. Auf diese Einschätzung, so wie ich den Laden kenne, auf diese Angriffe in Medien und Netzen freue ich mich.

Keiner der Geldmacher sagt, ob der immer größer werdende Schuldenberg abgebaut werden soll und vor allem wie. Nebulös wird geraunt, die angekauften Staatsanleihen würden später getilgt, Gleiches sei bei den angekauften Unternehmensanleihen, Aktien, Verbriefungen der Kredite an Privatleute zu erwarten.

Die Geldmacher vergessen zu sagen, dass in ihrem Perpetuum mobile die Tilgungsraten mit immer neuem Geldmachen, mit neuen Schulden beglichen werden. Es gibt keine Tilgung, es wird keine geben, sonst implodiert das ganze System ohne Vorwarnung.

Noch bilanziert die Unionszentralbank, so dass man die Größenordnungen ihrer Geldproduktion erahnen kann. Sie wird das Perpetuum mobile weiterdrehen können oder irgendwann die gekauften Anleihen, und was noch kommen wird, vielleicht zerreißen wollen. Das geht mit Staatsanleihen, im Augenblick noch nicht so zügig mit Firmenanleihen, Aktien und Krediten an Privatleute. Deshalb die Zurückhaltung bei diesen. Aber es ist nur eine Frage der Zeit, bis die Geldpanscher in

Frankfurt am Main auch einen Weg finden, alles, alles zu beleihen und auch zu zerreißen. Das Mandat Daseinsvorsorge erlaubt ihnen alles.

Unter der Marke »Gemeinwohl« wird uns das Schuldenzerreißen, Schuldenwegbuchen verkauft werden. Danach ist die Schuldenbilanz auf »Unsichtbar« gestellt. Damit sind die Staaten, später auch die Unternehmen und die Privatleute aus der Tilgung draußen. Sie werden die Zentralbank für ihre Gemeinwohlarbeit preisen. Mitzumachen hat das ganze System, auch die Bundesbank. Bei den Entscheidungen dafür hat sie nichts zu sagen.

Ergebnis: Durch Buchungstricks werden die faulen, kaputten, schlecht geführten Staaten und Unternehmen wie die säumigen Kreditnehmer entlastet und können anschließend weitermachen wie bisher. Die Sparer und soliden Staaten wie Unternehmen werden einer Konkurrenz ausgesetzt, die mit Geld um sich schmeißt und Zinsen bis zum Sankt-Nimmerleins-Tag verschiebt, somit niemals zahlen wird.

Das ist Wirtschaftslenkung allein zu Gunsten der schlecht geführten, kaputten Staaten, zu Gunsten der unfähigen Staatenlenker und Unternehmer wie auch der Kreditbetrüger. Das ist selbsterlaubte, selbstbewilligte Korruption der Unionszentralbank unter einem Generalmandat, das es nicht gibt. Das ist Diktatur in schwerster, schlimmster Vollendung. Nur geht sie nicht mehr von selbsternannten Führern aus, sondern von gleichgestimmten Kollegien, in denen die kaputten Staaten die Mehrheit haben und dank des Schuldenzerreißens haben werden, weiter selbst korrumpiert und schlecht geführt bleiben.

Das Geldmachen ohne Grenzen und ohne Rückzahlung schmiert die Monetärdiktatur. Sie erledigt selbst große Spekulationen von außen gegen sich. Diese erstickt sie einfach unter noch größeren Geldhaufen als die der Spekulation. Diktaturen erledigte man bisher mit Krieg, Waffendrohungen oder über Handelssperren mit nachfolgender oder galoppierender Inflation.

Krieg und Drohungen waren gestern. Von selbsternannten Führern haben alle Menschen genug, wir Deutschen am meisten. Inflation mit finanzieller Repression zahlt immer nur der normale Mensch. Das wird die neue Bundesregierung nicht zulassen.

Eine Lösung bleibt. Nur diese wird uns alle retten.

Ende der deutschen Zwangsmitgliedschaft in der Weltmonetärdiktatur

Wir beenden unsere Zwangsteilnahme an der Monetärdiktatur der Schlechten. Wir beenden unsere Mitgliedschaft im Unionsverein und in seiner Zentralbank. Wir beenden unsere Teilnahme an beiden Veranstaltungen. In der Union drinbleiben, in der Unionszentralbank nicht – geht nicht. Damit beenden wir nicht das Schuldendiktat der Union. In der Unionszentralbank drinbleiben, in der Union nicht – geht auch nicht. Damit beenden wir nicht unsere Teilnahme an der Verschulderei über die Zentralbank und damit nicht unsere Mithaftung für die gesamte Geldmacherei.

Die Bundesregierung wird kurzfristig dem Bundestag den Gesetzentwurf vorlegen, dass das Volk in einer Abstimmung über die Beendigung oder Aufrechterhaltung der Mitgliedschaften der Bundesrepublik Deutschland in der Union und in deren Zentralbank abstimmen möge. Für den Abstimmungstag wird der mittlere Sonntag im März des nächsten Jahres vorgeschlagen werden. In der Zeit sind von den Ländern keine Ferien angemeldet worden.

Die Bundesregierung wird nicht den Fehler früherer Bundesregierungen wiederholen, bei Entscheidungen zur Unionsteilnahme das deutsche Volk zu missachten.

Frau Präsidentin! Werte Kolleginnen, werte Kollegen!

Für die Ehre, die Sie mir erwiesen haben, die erste Erklärung der neuen Bundesregierung und vor dem Volke zu erstatten, danke ich Ihnen.

Lassen Sie mich bitte allen unseren Nachbarn in Europa zurufen: Wie alle hier im Plenum und draußen im Land stehe ich mit meiner Familie in der Geschichte Deutschlands und trage Verantwortung für uns alle mit. Deshalb sage ich allen Menschen in Europa, wir wollen keine historische Rolle mehr spielen, keine weiteren Griffe zur

Weltmacht ausprobieren, keine neuen Führer mit Mord- und Kriegsgelüsten zulassen. Wir wollen leben, lernen, lieben, arbeiten, forschen, erfolgreich sein und uns gegenseitig achten.

Großstaaterei und Spiele um einen imaginären ersten Platz im Weltwettbewerb, gar um die monetäre Weltführung brauchen wir nicht. Wir leisten vieles, das geben wir allen im Wettbewerb, wie wir auch nehmen. Offen, demokratisch bestimmtes Recht einhaltend, Verträge erfüllend und pünktlich bezahlend, Korruption im Ansatz austretend, so wollen wir Deutschen nachbarschaftlich treu zusammenleben. Unsere Schulden des Staates wie die privaten werden pünktlich getilgt. Wir sind ein ehrbares Volk.

Den teutonischen Furor gibt es nicht mehr. Angst braucht keiner mehr vor uns zu haben. Für den Frieden brauchen wir keine Union mit unseren Nachbarn. Den Frieden immer einzuhalten, ist unser aller Auftrag und Wollen.

Uns allen ein herzliches »Glück auf!« für unsere Zukunft.

Präsidentin: Danke, Herr Bundeskanzler, für die Regierungserklärung. Liebe Kolleginnen, liebe Kollegen! Die Sitzung ist geschlossen. – Augenblick bitte noch! Wen es interessiert: Mir wird gerade ein Papier gereicht. Handgeschrieben. Ich lese vor: »Die deutschen Aktien haben in Frankfurt um 22 % schon während der Rede des Bundeskanzlers zugelegt, in London und Paris ähnlich, erste Indikationen von Wall Street auch ähnlich. Bundesanleihen würden mit ungewöhnlich großen Orders gesucht. Der Handel ist zum Erliegen gekommen, da Angebot fehlt.« Was das bedeutet, möge sich jedem selbst erschließen. Nun ist die Sitzung aber wirklich geschlossen.

Der Vorhang fällt. »Lache in den Sonnentag«

Sehr geehrte Frau Leserin oder sehr geehrter Herr Leser!
Am Anfang versprach ich Ihnen, dass am Schluss noch einmal gesungen wird. Danach kann dann die Komödie beendet werden. Denn nur das wollte das Theaterstück für uns zu zweit sein. Wie wurde im schlimmen Jahr 1930 gesungen? »Und eines Tages war alles aus. Die alte Garde stand müd und bleich im Kreise, man blies den letzten Zapfenstreich. Adieu, mein kleiner Gardeoffizier, adieu, sei das Glück mit dir! Sei das Glück mit dir!«

Wollen wir das Glück auch dem schon alterserfahrenen Unionszentralbank-Präsidenten wünschen? Oder allein dem noch unerfahrenen Bundeskanzler? Wem von den beiden setzen wir die »Kappe des Gardeoffiziers auf, die mit der goldnen Kokarde«?

Nur in eine uns froh machende Zukunft lassen wir uns von einem der beiden führen. Nie mehr soll der kleine Gardeoffizier den Menschen Trost sein in einer schlechten Zeit, nie wieder sich 1930 und daraus 1933 wiederholen.

Nun Ihnen gute Nacht und gesundes Erwachen morgen früh – und uns zusammen vor allem »Lache in den Sonnentag«, wie die Mutter ihrem kleinen Gardeoffizier wünscht, »was immer geschehen auch mag!«.

HINWEISE

»Adieu, mein kleiner Gardeoffizier, …«, Text: Walter Reisch, 1930; gemäß www.lyrix.at>RichardTauber; Wikipedia/Musik: Robert Stolz, auch 1930:

Und eines Tages mit Sang und Klang,
da zog ein Fähnrich zur Garde,
ein Fähnrich jung und voll Leichtsinn und schlank,
auf der Kappe die goldne Kokarde.

Da stand die Mutter vor ihrem Sohn,
hielt seine Hände umschlungen,
schenkt ihm ein kleines Medaillon,
und sie sagt zu ihrem Jungen:

Adieu, mein kleiner Gardeoffizier,
adieu, adieu, und vergiss mich nicht! Und vergiss mich nicht.
Adieu, mein kleiner Gardeoffizier, adieu.
Adieu, sei das Glück mit dir! Sei das Glück mit dir!
Steh gerade, kerzengrade, lache in den Sonnentag,
was immer geschehen auch mag!
Hast du Sorgenmienen, fort mit ihnen!
Fort damit, ja, ja!
Für Trübsal sind andere da!

Und eines Tages um neune früh,
als er aus den Träumen erwachte,
da stand auf dem Hauptplatz die ganze Kompanie,
und die wartet seit drei viertel achte.
Aus blauen Augen, so tief und schön,
erstaunte Blicke ihn trafen,
er sagte: Liebling, ich muss gehn!
Da sagt sie noch ganz verschlafen:

Adieu, mein kleiner Gardeoffizier, ...

Und eines Tages war alles aus,
es ruhten endlich die Waffen,
man schickte alle Soldaten nach Haus,
neuen Beruf sich zu schaffen.

Die alte Garde stand müd und bleich
um ihren alten Marschall im Kreise,
man blies den letzten Zapfenstreich
und der Marschall sagte leise:

Adieu, mein kleiner Gardeoffizier, ...

Club Med, umgangssprachliche Bezeichnung in EU-Kreisen und in der EU-interessierten Öffentlichkeit für die »EUMED Group« oder »EuroMed7«. Seit 17. Dezember 2013 Allianz zwischen Frankreich, Griechenland, Italien, Malta, Portugal, Spanien und Zypern. Aufgaben: Koordination von Fragen gemeinsamer EU-Interessen. Bindekraft: griechisch-römische Geschichte. [https://en.wikipedia.org/wiki/EU_Med_Group]

Deutsche Generationenbilanz: explizite und implizite Staatsverschuldung, Einzelheiten bei Herrn Prof. Dr. Bernd Raffelhüschen, Freiburg i.Br., mit anderen und der Stiftung Marktwirtschaft, Berlin, auch zum EU-Nachhaltigkeitslücken-Ranking (EU = Europäische Union).

»Geld ist ein Darlehen, das der Bürger der Notenbank gewährt. Dies in der Erwartung, dass das eingezahlte Geld in einem Jahr, in zwei Jahren oder zehn Jahren noch gleich viel wert ist.«, Herr Konrad Hummler in »Folio« der Neuen Zürcher Zeitung, Nr. 340, November 2019, S. 50.

Narrativ ist »eine (erzählerische) Darstellung von Ereignissen, die im Sinne des Stakeholders erklärt und in einen für ihn vorteilhaften Bedeutungszusammenhang gestellt werden.« (nach militärischer Definition der operativen Kommunikation der Bundeswehr.) Im politischen Zusammenhang habe »Narrativ« eine ähnliche Bedeutung wie »Propaganda«. Was der Gegner verbreite, sei nur ein Narrativ, es stimme also nicht wirklich. Die eigenen Aussagen hingegen seien in Stein gemeißelt. (Gregor v. Kursell: Großmacht mit Sendungsbewusstsein. Narrative der russischen Sicherheitspolitik; in: if Zeitschrift für Innere Führung, Nr. 4/2020, S. 42 ff., zitiert nach »Infobox – Was Narrative erzählen«, dort S. 45. Das Zentrum Innere Führung der Bundeswehr hat seinen Sitz in Koblenz.) Stakeholder ist ein ungenauer Begriff, als Interessengruppe ungefähr übersetzt, mit dem der Wunsch der Eigentümer/Aktionäre (shareholder) auf hohe Gewinnbeteiligung weit überschritten und den Unternehmen über deren Firmenaufträge hinaus gesellschaftliche und politische Verantwortungen zugewiesen werden sollen.

MMT Modern Monetary Theory:

Historisch in Deutschland seit 1919 in der Diskussion durch Gottfried Feder: An Alle, Alle! Der Staatsbankerott. Die Rettung; Diessen vor München 1919 (Historische Faksimiles; Bremen 1982)

»Gralshüter« Herr Prof. Dr. Bill (genau: William Francis) Mitchell PhD, University of Newcastle, New South Wales, Internet: bilbo.economicoutlook.net

Schieberegler: Herr Dr. Beat Gygi stellt fest, die unklaren Stellen, eben die »Schieberegler« im EU-Vertragswerk, erlaubten »Milliarden von Varianten«, die im Ermessen frei, aber dennoch vertragskonform angewendet werden dürften. [Die EU kann ihre Vorlieben ausleben; In: Neue Zürcher Zeitung, 31. Mai 2013, Nr. 123, S. 23]

Staatsschuldentreiber der ganzen Welt: Das Basel-Regime. Dazu »Basel IV«, vom Autor 2013.
WMD Weltmonetärdiktatur, vom Autor.
Zewaf Zentralbanken Washington D.C. (USA) + Frankfurt am Main (Deutschland, EU), vom Autor.

PERSÖNLICHE ERKLÄRUNG

Herr Edward Adam Tenenbaum (1921–1975) mit seinem Werk für Deutschland ist Geschichte.

Das ganze Stück um die Modern Monetary Theory (MMT) ist von mir frei erfunden. Alle Personen, insbesondere »B«, »P« und »Frau Dr. Beatrice Springfield«, existieren nur in meiner Phantasie.

Zusammen mit meiner Frau Edith Lüthje, geb. Augustin, habe ich die Idee und die Vorarbeiten zu diesem Buch überlegt und auch mit unserer Tochter Maike Mira Luethje PhD besprochen. Das Manuskript haben wir gemeinsam hergestellt. Weitere Personen haben nicht mitgewirkt.

Für den Text trage ich allein die Verantwortung.

Bernd Lüthje, Hamburg